元史

明宋濂等撰

第一册

卷一至卷一二（紀）

中華書局

圖書在版編目(CIP)數據

元史/(明)宋濂等撰. —北京:中華書局,1976.4
(2025.2 重印)
ISBN 978-7-101-00326-0

Ⅰ.元… Ⅱ.宋… Ⅲ.中國-古代史-元代-紀傳體
Ⅳ.K247.042

中國版本圖書館 CIP 數據核字(2005)第 022819 號

責任印製:管 斌

元 史
(全十五册)
〔明〕宋 濂等 撰
*
中 華 書 局 出 版 發 行
(北京市豐臺區太平橋西里 38 號 100073)
http://www.zhbc.com.cn
E-mail:zhbc@zhbc.com.cn
北京新華印刷有限公司印刷
*
850×1168 毫米 1/32 · 151⅛印張 · 2667 千字
1976 年 4 月第 1 版 2025 年 2 月第 17 次印刷
印數:111901-112700册 定價:550.00 元

ISBN 978-7-101-00326-0

出版説明

元史二百一十卷，是一部比較系統地記載我國歷史上元代興亡過程的封建史書。洪武元年（一三六八年），卽元朝滅亡的當年，明太祖朱元璋就下令編修元史。第二年，以李善長爲監修，宋濂、王禕爲總裁，趙壎等十六人爲纂修，開局編寫。僅用一百八十八天的時間，便修成了除元順帝一朝以外的本紀、志、表、列傳共一百五十九卷。接着又讓歐陽佑等十二人四出蒐集元順帝一朝的史料，於洪武三年（一三七〇年）重開史局，仍以宋濂、王禕爲總裁，由朱右等十五人參加編寫，用一百四十三天續修本紀、志、表、列傳共五十三卷。然後合前後二書，釐分附麗，共成二百一十卷，全部編撰工作，歷時只三百三十一天。刻印工作也進展得很快。據宋濂目録後記，洪武三年七月書成，十月便已「鏤板訖功」。

元史之所以能迅速成書，有一個原因，那就是元史的編修，主要是照抄元代各朝實録、經世大典、功臣列傳等官修典籍，除了删節以外，沒有下多少功夫。就元史編者的政治觀點來説，同那些編修元代典籍的人並沒有什麽本質的區别，信奉的都是儒家道學思想，所以在處理前代王朝遺存的歷史資料時，也就無須從思想觀點上和内容編排上作根本的改動。這樣，元史編者們便無意中更多地保存了元代史料的原貌。

對於我們研究元朝的歷史來說，元史是必不可少的重要的基本資料。四十七卷本紀除順帝一朝之外，全是現已失傳的元代歷朝實録的摘抄，内容比較豐富，是按年月日編制的包括政治、經濟、軍事、社會生活等各個方面的大事記。史料價值和確切性都比較大。有些舊學者指責元史本紀「不合史例」，内容「雜蕪」，這是一種偏見。五十八卷志、八卷表的史料，除順帝朝部分之外，絶大部分採自元文宗時所修的經世大典，而這部書現已大部分散失，許多内容只能在元史各志中看到，因而顯得珍貴。至於九十七卷列傳，大部分取材於元朝官修的傳記，而這些官修傳記又是根據家傳、神道碑、墓志等寫成的。因此，在記載的確切程度上，要比紀、志差得多，但是其中含有許多生動具體的資料，這一點又是紀、志所不及的。

由於元史倉促成書，且出於衆手，在編纂方面有不少謬誤。例如：有一些列傳重出；甚至誤把不同皇帝的后妃領取歲賜的名單，統統當作同一皇帝的后妃處理，以致在后妃表中將兒媳、曾孫媳、玄孫媳婦當成平列的妻妾。此外，譯名不統一、年代史實的乖誤等，也相當多。因此元史一直爲後人所詬病，試圖重修元史的書出過好幾種。但是，這些重修之作都無法取代元史這部比較原始的基本資料。

元史最早的版本是洪武三年刻本。嘉靖初年，南京國子監編刊二十一史，嘉靖十一年（一五三二年）完成，其中元史用的是洪武舊板，損壞的板頁加以補刊，一般板心刻有嘉靖八、九、十年補刊字樣，此爲南監本。南監本後來的遞修補刊一直延續到清初。萬曆二十四年（一五九六年）至三十四年（一六〇六年），北京國子監重刻二十一史，元史也在其中，此爲北監本。到清代，乾隆四年（一七三九年）武英殿又仿北監本重刻元史，稱爲殿本。乾隆四十六年（一七八一年），對遼、金、元三史譯名進行了謬誤百出的妄改，挖改了殿本的木板，重新刷印。道光四年（一八二四年），又對元史作了進一步的改動，重新刊刻，這就是道光本。道光本對元史的任意改動很大，但對史文也作了不少有根據的校訂。後來又有各種翻刻重印的版本，其中比較好的是一九三五年商務印書館影印的百衲本。百衲本是以九十九卷殘洪武本和南監本合配在一起影印的，在通行各本中最接近於洪武本的面貌。

我們這次點校，是以百衲本爲底本。對百衲本在影印過程中的描修錯誤，用北京圖書館藏原書、北京大學藏一百四十四卷殘洪武本及北京圖書館藏另一部南監本作了核對訂正，一律逕改。逕改的描修錯誤，共有近八十處。在版本校勘方面，用了北監本、殿本和道光本。還參考了胡粹中元史續編（簡稱續編）、邵遠平元史類編（簡稱類編）、畢沅續資治通鑑（簡稱續通鑑）、魏源元史新編（簡稱新編）、曾廉元書、屠寄蒙兀兒史記（簡稱蒙史）、柯劭忞新元史，以及錢大昕廿二史考異（簡稱考異）、汪輝祖元史本證（簡稱本證）等書。此外，並利用了一批常見的原始資料，校正有關的史文，其書名和篇名，見於各卷的校勘記。

進行校勘時，我們只校訂史文的訛倒衍脫，不涉及史實的考訂。改動底本的地方，用方圓括號表示（圓括號內小字表示删，方括號內的字表示補），並附簡要的校勘記。書中的明顯刻誤，以及板刻破體字，都予逕改。經過推算在紀日干支下用方括號補入的「朔」字，校勘記裏不再説明。對書中的古體、異體、俗體字，儘量作了統一。原書卷首的進元史表、纂修元史凡例和宋濂目録後記，移至書末作爲附録。總目是重編的。

元史的點校，由翁獨健同志主持定稿。擔任點校的有亦鄰真、周清澍同志。邵循正同志也參加過列傳部分的點校。内蒙古大學原蒙古史研究室的十幾位同志完成了校勘記的長編。姚景安同志擔任了編輯整理工作。缺點錯誤，希望讀者批評指正。

中華書局編輯部

元史目錄

卷五十九　志第十一

卷六十　志第十二

卷六十二　志第十四

卷六十三　志第十五

卷八十七　志第三十七

卷八十八　志第三十八

卷九十一　志第四十一上

卷一百一十九　列傳第六

卷一百二十 列傳第七

卷一百二十一 列傳第八

卷一百二十四　列傳第十一

卷一百二十五　列傳第十二

卷一百三十一　列傳第十八

卷一百三十二　列傳第十九

卷一百三十三　列傳第二十

卷一百三十四　列傳第二十一

卷一百四十九　列傳第三十六

卷一百五十　列傳第三十七

卷一百五十一　列傳第三十八

卷一百五十二　列傳第三十九

卷一百五十三　列傳第四十

卷一百六十五　列傳第五十二

卷一百六十七　列傳第五十四

卷一百六十八　列傳第五十五

卷一百七十五　列傳第六十二

卷一百七十六　列傳第六十三

卷一百七十七　列傳第六十四

卷一百九十三　列傳第八十

卷一百九十四　列傳第八十一

卷一百九十五　列傳第八十二

卷一百九十六　列傳第八十三

卷一百九十七　列傳第八十四

卷一百九十八　列傳第八十五

卷二百一　列傳第八十八

卷二百二　列傳第八十九

卷二百三　列傳第九十

外夷三……四六五五

元史卷一

本紀第一

太祖

太祖法天啓運聖武皇帝，諱鐵木眞，姓奇渥溫氏，蒙古部人。

其十世祖孛端叉兒，母曰阿蘭果火，嫁脫奔咩哩犍，生二子，長曰博寒葛答黑，次曰博合覩撒里直。既而夫亡，阿蘭寡居，夜寢帳中，夢白光自天窗中入，化爲金色神人，來趨臥榻。阿蘭驚覺，遂有娠，產一子，卽孛端叉兒也。孛端叉兒狀貌奇異，沉默寡言，家人謂之癡。獨阿蘭語人曰：「此兒非癡，後世子孫必有大貴者。」阿蘭沒，諸兄分家貲不及之。孛端叉兒曰：「貧賤富貴，命也，貲財何足道。」獨乘青白馬，至八里屯阿懶之地居焉。食飮無所得，適有蒼鷹搏野獸而食，孛端叉兒以緡設機取之，鷹卽馴狎。乃臂鷹獵兔禽以爲膳，或闕卽繼，似有天相之。居數月，有民數十家自統急里忽魯之野逐水草來遷，〔一〕孛端叉兒結茅與之居，出入相資，自此生理稍足。一日，仲兄忽思之，曰：「孛端叉兒獨出而無齎，近者得無凍餒乎？」卽自來訪，邀與俱歸。孛端叉兒中路謂其兄曰：「統急里忽魯之民無所屬附，若臨之以兵，可服也。」兄以爲然。至家，卽選壯士，令孛端叉兒帥之前行，果盡降之。

孛端叉兒殁，子八林昔黑剌禿合必畜嗣，生子曰咩撚篤敦。咩撚篤敦妻曰莫拏倫，生七子而寡。莫拏倫性剛急。時押剌伊而部有群小兒掘田間草根以爲食，莫拏倫乘車出，適見之，怒曰：「此田乃我子馳馬之所，群兒輒敢壞之邪。」驅車徑出，轢傷諸兒，有至死者。押剌伊而忿怨，盡驅莫拏倫馬羣以去。莫拏倫諸子聞之，不及被甲，往追之。莫拏倫私憂曰：「吾兒不甲以往，恐不能勝敵。」令子婦載甲赴之，已無及矣。既而果爲所敗，六子皆死。押剌伊而乘勝殺莫拏倫，滅其家。唯一長孫海都尚幼，乳母匿諸積木中，得免。先是，莫拏倫第七子納眞，於八剌忽民家爲贅壻，故不及難。聞其家被禍，來視之，見病嫗十數與海都尚在，其計無所出。幸驅馬時，兄之黃馬三次掣套竿逸歸，納眞至是得乘之。乃僞爲牧馬者，詣押剌伊而。路逢父子二騎先後行，臂鷹而獵。納眞識其鷹，曰：「此吾兒所擎者也。」趨前紿其少者曰：「有赤馬引羣馬而東，汝見之乎？」曰：「否。」少者乃問曰：「爾所經過有鳧鴈乎？」曰：「有。」曰：「汝可爲吾前導乎？」曰：「可。」遂同行。轉一河隈，度後騎相去稍遠，刺殺之。縶馬與鷹，趨迎後騎，紿之如初。後騎問曰：「前射鳧鴈者吾子也，何爲久臥不起耶？」

納眞以鼻衄對。騎者方怒，納眞乘隙刺殺之。復前行至一山下，有馬數百，牧者唯童子數人，方擊髀石爲戲。納眞熟視之，亦兄家物也。紿問童子，亦如之。於是登山四顧，悄無來人，盡殺童子，驅馬臂鷹而還，取海都幷病嫗，歸八剌忽之地止焉。海都稍長，納眞率八剌忽怯谷諸民，共立爲君。海都既立，以兵攻押刺伊而，臣屬之，形勢寖大。列營帳於八剌合黑河上，跨河爲梁，以便往來。由是四傍部族歸之者漸衆。

海都歿，子拜姓忽兒嗣。拜姓忽兒歿，子敦必乃嗣。敦必乃歿，子葛不律寒嗣。葛不律寒歿，子八哩丹嗣。八哩丹歿，子也速該嗣，幷吞諸部落，勢愈盛大。也速該崩，至元三年十月，追謚烈祖神元皇帝。

初，烈祖征塔塔兒部，獲其部長鐵木眞。宣懿太后月倫適生帝，手握凝血如赤石。烈祖異之，因以所獲鐵木眞名之，志武功也。

族人泰赤烏部舊與烈祖相善，後因塔兒不台用事，〔二〕遂生嫌隙，絕不與通。及烈祖崩，帝方幼冲，部衆多歸泰赤烏。近侍有脫端火兒眞者亦將叛，帝自泣留之。脫端曰：「深池已乾矣，堅石已碎矣，留復何爲！」竟帥衆馳去。宣懿太后怒其弱己也，麾旗將兵，躬自追叛者，驅其太半而還。

時帝麾下搠只別居薩里河。〔三〕札木合部人禿台察兒居玉律哥泉，〔四〕時欲相侵凌，掠薩里河牧馬以去。搠只麾左右匿羣馬中，射殺之。札木合以爲怨，遂與泰赤烏諸部合謀，以衆三萬來戰。帝時駐軍答闌版朱思之野，聞變，大集諸部兵，分十有三翼以俟。已而札木合至，帝與大戰，破走之。

當是時，諸部之中，唯泰赤烏地廣民衆，號爲最强。其族照烈部，與帝所居相近。帝嘗出獵，偶與照烈獵騎相屬，帝謂之曰：「今夕可同宿乎？」照烈曰：「同宿固所願，但從者四百，因糗糧不具，已遣半還矣，今將奈何？」帝固邀與宿，凡其留者，悉飲食之。明日再合圍，帝使左右驅獸向照烈，照烈得多獲以歸。其衆感之，私相語曰：「泰赤烏與我雖兄弟，常攘我車馬，奪我飲食，無人君之度。有人君之度者，其惟鐵木眞太子乎？」照烈之長玉律，時爲泰赤烏所虐，不能堪，遂與塔海答魯領所部來歸，將殺泰赤烏以自效。帝曰：「我方熟寐，幸汝覺我，自今車轍人跡之塗，當盡奪以與汝矣。」已而二人不能踐其言，復叛去。塔海答魯至中路，爲泰赤烏部人所殺，照烈部遂亡。

時帝功德日盛，泰赤烏諸部多苦其主非法，見帝寬仁，時賜人以裘馬，心悅之。若赤老溫、若哲別、若失力哥也不干諸人，若朶郎吉、若札剌兒、若忙兀諸部，皆慕義來降。

帝會諸族薛徹、大丑（及薛徹別吉）等，〔五〕各以旄車載湩酪，宴于斡難河上。帝與諸族及薛徹別吉之母忽兒眞之前，共置馬湩一革囊；薛徹別吉次母野別該之前，獨置一革囊。

忽兒眞怒曰：「今不奪我，而貴野別該乎？」疑帝之主饍者失丘兒所爲，遂笞之。於是頗有隙。時皇弟別里古台掌帝乞列思事，乞列思，華言禁外繫馬所也。播里掌薛徹別吉乞列思事。播里從者因盜去馬靷，別里古台執之。播里怒斫別里古台，傷其背。左右欲鬭，別里古台止之，曰：「汝等欲卽復讎乎？我傷幸未甚，姑待之。」不聽，各持馬乳橦疾鬭，奪忽兒眞、火里眞二哈敦以歸。薛徹別吉遣使請和，因令二哈敦還。會塔塔兒部長蔑兀眞笑里徒背金約，金主遣丞相完顏襄帥兵逐之北走。帝聞之，發近兵自斡難河迎擊，仍諭薛徹別吉帥部人來助。候六日不至，帝自與戰，殺蔑兀眞笑里徒，盡虜其輜重。

帝之麾下有爲乃蠻部人所掠者，帝欲討之，復遣六十人徵兵於薛徹別吉。薛徹別吉以舊怨之故，殺其十人，去五十人衣而歸之。帝怒曰：「薛徹別吉曩笞我失丘兒，斫傷我別里古台，今又敢乘敵勢以陵我耶！」因帥兵踰沙磧攻之，殺虜其部衆，唯薛徹、大丑僅以妻孥免。越數月，帝復伐薛徹、大丑，追至帖烈徒之隘，滅之。

克烈部札阿紺孛來歸。札阿紺孛者，部長汪罕之弟也。汪罕名脫里，受金封爵爲王，番言音重，故稱王爲汪罕。

初，汪罕之父忽兒札胡思盃祿旣卒，汪罕嗣位，多殺戮昆弟。其叔父菊兒〔罕〕帥兵與汪罕戰，〔六〕逼於哈剌溫隘敗之；僅以百餘騎脫走，奔于烈祖。烈祖親將兵逐菊兒〔罕〕走西夏，復奪部衆歸汪罕。汪罕德之，遂相與盟，稱爲按答。按答，華言交物之友也。烈祖崩，汪罕之弟也力可哈剌，怨汪罕多殺之故，復叛歸乃蠻部。乃蠻部長亦難赤爲發兵伐汪罕，盡奪其部衆與之。汪罕走河西、回鶻、回回三國，奔契丹。既而復叛歸，中道糧絕，捋羊乳爲飲，剌橐駝血爲食，困乏之甚。帝以其與烈祖交好，遣近侍往招之。帝親迎撫勞，安置軍中振給之。遂會于土兀剌河上，尊汪罕爲父。

未幾，帝伐蔑里乞部，與其部長脫脫戰于莫那察山，遂掠其資財、田禾，以遺汪罕。汪罕因此部衆稍集。

居亡何，汪罕自以其勢足以有爲，不告於帝，獨率兵復攻蔑里乞部。部人敗走，脫脫奔八兒忽真之隘。汪罕大掠而還，於帝一無所遺，帝不以屑意。

會乃蠻部長不（魯欲）〔欲魯〕罕不服，〔七〕帝復與汪罕征之，至黑辛八石之野，遇其前鋒也的脫孛魯者，領百騎來戰，見軍勢漸逼，走據高山，其馬鞍轉墜，擒之。曾未幾何，帝復與乃蠻驍將曲薛吾撒八剌二人遇，〔八〕會日暮，各還營壘，約明日戰。是夜，汪罕多燃火營中，示人不疑，潛移部衆於別所。及旦，帝始知之，因頗疑其有異志，退師薩里河。既而汪罕亦還至土兀剌河，汪罕子亦剌合及札阿紺孛來會。曲薛吾等察知之，乘其不備，襲虜其部衆于道。亦剌合奔告汪罕，汪罕命亦剌合與卜魯忽䚟共追之，且遣使來曰：「乃蠻不道，掠我人民，太子有四良將，能假我以雪耻乎？」帝頓釋前憾，遂遣博爾朮、木華黎、博羅渾、赤老溫四人，帥師以往。師未至，亦剌合已追及曲薛吾，與之戰，大敗，卜魯忽觧成擒。流矢中亦剌合馬胯，幾爲所獲。須臾四將至，擊乃蠻走，盡奪所掠歸汪罕。已而與皇弟哈撒兒再伐乃蠻，拒鬬於忽闌盞側山，大敗之，盡殺其諸將族衆，積屍以爲京觀。乃蠻之勢遂弱。

時泰赤烏猶强，帝會汪罕於薩里河，與泰赤烏部長沆忽等大戰斡難河上，敗走之，斬獲無算。哈答斤部、散只兀部、朶魯班部、塔塔兒部、弘吉剌部聞乃蠻、泰赤烏敗，皆畏威不自安，會於阿雷泉，斬白馬爲誓，欲襲帝及汪罕。弘吉剌部長迭夷恐事不成，潛遣人告變。帝與汪罕自虎圖澤逆戰於盃亦烈川，又大敗之。

汪罕遂分兵，自由〔怯〕緑憐河而行。〔九〕札阿紺孛謀於按敦阿述、燕火脫兒等曰：「我兄性行不常，既屠絕我昆弟，我輩又豈得獨全乎？」按敦阿述泄其言，汪罕令執燕火脫兒等至帳下，解其縛，且謂燕火脫兒曰：「吾輩由西夏而來，道路饑困，其相誓之語，遽忘之乎？」因唾其面。坐上之人皆起而唾之。汪罕又屢責札阿紺孛，至於不能堪。札阿紺孛與燕火脫兒等俱奔乃蠻。

帝駐軍於徹徹兒山，起兵伐塔塔兒部。部長阿剌兀都兒等來逆戰，大敗之。

時弘吉剌部欲來附，哈撒兒不知其意，往掠之。於是弘吉剌歸札木合部，與朶魯班、亦乞剌思、哈答斤、火魯剌思、塔塔兒、散只兀諸部，會于犍河，共立札木合爲局兒罕，盟于禿律別兒河岸，爲誓曰：「凡我同盟，有洩此謀者，如岸之摧，如林之伐。」誓畢，共舉足蹋岸，揮刀斫林，驅士卒來侵。塔海哈時在衆中，與帝麾下抄吾兒連姻，抄吾兒偶往視之，具知其謀，卽還至帝所，悉以其謀告之。帝卽起兵，逆戰於海剌兒、帖尼火魯罕之地，破之。札木合脫走，弘吉剌部來降。

歲壬戌，帝發兵於兀魯回失連眞河，伐按赤塔塔兒、察罕塔塔兒二部。先誓師曰：「苟破敵逐北，見棄遺物，愼無獲，俟軍事畢散之。」既而果勝，族人按彈、火察兒、答力台三人背約，帝怒，盡奪其所獲，分之軍中。

初，脫脫敗走八兒忽眞隘，既而復出爲患，帝帥兵討走之。至是，又會乃蠻部不（魯欲）〔欲魯〕罕約朶魯班、塔塔兒、哈答斤、散只兀諸部來侵。帝遣騎乘高四望，知乃蠻兵漸至，帝與汪罕移軍入塞。亦剌合自北邊來據高山結營，乃蠻軍衝之不動，遂還。亦剌合尋亦入塞。將戰，帝遷輜重於他所，與汪罕倚阿蘭塞爲壁，大戰于闕奕壇之野，乃蠻使神巫祭風雪，欲因其勢進攻。既而反風，逆擊其陣。乃蠻軍不能戰，欲引還。雪滿溝澗，帝勒兵乘之，乃蠻大敗。是時札木合部起兵援乃蠻，見其敗，卽還。道經諸部之立己者，大縱掠而去。

帝欲爲長子朮赤求昏於汪罕女抄兒伯姬，汪罕之（子）〔孫〕禿撒合亦欲尙帝女火阿眞伯姬，〔一〇〕俱不諧。自是頗有違言。初，帝與汪罕合軍攻乃蠻，約明日戰。札木合言於汪罕曰：「我於君是白翎雀，他人是鴻雁耳。白翎雀寒暑常在北方，鴻雁遇寒則南飛就暖耳。」意謂帝心不可保也。汪罕聞之疑，遂移部衆於別所。及議昏不成，札木合復乘隙謂亦剌合曰：「太子雖言是汪罕之子，嘗通信於乃蠻，將不利於君父子。君若能加兵，我當從傍助君也。」亦剌合信之。會答力台、火察兒、按彈等叛歸亦剌合，亦說之曰：「我等願佐君討宣懿太后諸子也。」亦剌合大喜，遣使言於汪罕。汪罕曰：「札木合，巧言寡信人也，不足聽。」亦剌合力言之，使者往返者數四。汪罕曰：「吾身之存，實太子是賴。髭鬢已白，遺骸冀得安寢，汝乃喋喋不已耶？汝善自爲之，毋貽吾憂可也。」札木合遂縱火焚帝牧地而去。

歲癸（丑）〔亥〕，〔一一〕汪罕父子謀欲害帝，乃遣使者來曰：「向者所議婣事，今當相從，請來飮布渾察兒。」布渾察兒，華言許親酒也。帝以爲然，率十騎赴之。至中道，心有所疑，命一騎往謝，帝遂還。汪罕謀旣不成，卽議舉兵來侵。圉人乞（力失）〔失力〕聞其事，〔一二〕密與弟把帶告帝。帝卽馳軍阿蘭塞，悉移輜重於他所，遣折里麥爲前鋒，俟汪罕至卽整兵出戰。先與朱力斤部遇，次與董哀部遇，又次與火力失烈門部遇，皆敗之；最後與汪罕親兵遇，又敗之。亦剌合見勢急，突來衝陣，射之中頰，卽斂兵而退。怯里亦部人遂棄汪罕來降。

汪罕旣敗而歸，帝亦將兵還至董哥澤駐軍，遣阿里海致責於汪罕曰：「君爲叔父菊兒〔罕〕所逐，困迫來歸，我父卽攻菊兒〔罕〕，敗之於河西，其土地人民盡收與君。此大有功於君一也。君爲乃蠻所攻，西奔日沒處。君弟札阿紺孛在金境，我亟遣人召還。比至，又爲蔑里乞部人所逼，我請我兄薛徹別及我弟大丑往殺之。此大有功於君二也。君困迫來歸時，我過哈丁里，歷掠諸部羊、馬、資財，盡以奉君，不半月間，令君饑者飽，瘠者肥。此大有功於君三也。君不告我往掠蔑里乞部，大獲而還，未嘗以毫髮分我，我不以爲意。及君爲乃蠻所傾覆，我遣四將奪還爾民人，重立爾國家。此大有功於君四也。我征朶魯班、塔塔兒、哈答斤、散只兀、弘吉剌五部，如海東鷙禽之於鵝雁，見無不獲，獲則必致於君。此大有功於君五也。是五者皆有明驗，君不報我則已，今乃易恩爲讐，而遽加兵於我哉。」汪罕聞之，語亦剌合曰：「我向者之言何如？吾兒宜識之。」亦剌合曰：「事勢至今日，必不可已，唯有竭力戰鬬。我勝則幷彼，彼勝則幷我耳。多言何爲。」

時帝諸族按彈、火察兒皆在汪罕左右。帝因遣阿里海誚責汪罕，就令告之曰：「昔者吾國無主，以薛徹、太丑二人實我伯祖八剌哈之裔，欲立之。二人既已固辭，乃以汝火察兒爲伯父聶坤之子，又欲立之，汝又固辭。然事不可中輟，復以汝按彈爲我祖忽都剌之子，又欲立之，汝又固辭。於是汝等推戴吾爲之主，初豈我之本心哉，不自意相迫至於如此也。三河，祖宗肇基之地，毋爲他人所有。汝善事汪罕，汪罕性無常，遇我尙如此，況汝輩乎。我今去矣，我今去矣。」按彈等無一言。

帝既遣使於汪罕，遂進兵虜弘吉（利）〔剌〕別部溺兒斤以行。〔一三〕至班朱尼河，河水方渾，帝飮之以誓衆。有亦乞烈部人孛徒者，爲火魯剌部所敗，因遇帝，與之同盟。哈撒兒別居哈剌渾山，妻子爲汪罕所虜，挾幼子脫虎走，糧絕，探鳥卵爲食，來會于河上。時汪罕形勢盛强，帝微弱，勝敗未可知，衆頗危懼。凡與飮河水者，謂之飮渾水，言其曾同艱難也。汪罕兵至，帝與戰于哈闌眞沙陀之地，汪罕大敗。其臣按彈、火察兒、札木合等謀弑汪罕，弗克，往奔乃蠻。答力台、把憐等部稽顙來降。

帝移軍斡難河源，謀攻汪罕，復遣二使往汪罕，僞爲哈撒兒之言曰：「我兄太子今既不知所在，我之妻孥又在王所，縱我欲往，將安所之耶？王儻棄我前愆，念我舊好，卽束手來歸矣。」汪罕信之，因遣人隨二使來，以皮囊盛血與之盟。及至，卽以二使爲向導，令軍士銜枚夜趨折折運都山，出其不意，襲汪罕，敗之。盡降克烈部衆。汪罕與亦剌合挺身遁去。

汪罕嘆曰：「我爲吾兒所誤，今日之禍悔將何及！」汪罕出走，路逢乃蠻部將，遂爲其所殺。亦剌哈走西夏，日剽掠以自資。既而亦爲西夏所攻走，至龜茲國，龜茲國主以兵討殺之。

帝既滅汪罕，大獵於帖麥該川，宣布號令，振凱而歸。時乃蠻部長太陽罕心忌帝能，遣使謀於白達達部主阿剌忽思曰：「吾聞東方有稱帝者。天無二日，民豈有二王邪？君能益吾右翼，吾將奪其弧矢也。」阿剌忽思卽以是謀報帝，居無何，舉部來歸。

歲甲子，帝大會於帖麥該川，議伐乃蠻。羣臣以方春馬瘦，宜俟秋高爲言。皇弟斡赤斤曰：「事所當爲，斷之在早，何可以馬瘦爲辭。」別里古台亦曰：「乃蠻欲奪我弧矢，是小我也，我輩義當同死。彼恃其國大而言誇，苟乘其不備而攻之，功當可成也。」帝悅，曰：「以此衆戰，何憂不勝。」遂進兵伐乃蠻。駐兵於建忒該山，先遣虎必來、哲別二人爲前鋒。太陽罕至自按臺，營於沆海山，與蔑里乞部長脫脫、克烈部長阿憐太石、猥剌部長忽都花別吉，暨秃魯班、塔塔兒、哈答斤、散只兀諸部合，兵勢頗盛。時我隊中羸馬有驚入乃蠻營中者，太陽罕見之，與衆謀曰：「蒙古之馬瘦弱如此，今當誘其深入，然後戰而擒之。」其將火力速八赤對曰：「先王戰伐，勇進不回，馬尾人背，不使敵人見之。今爲此遷延之計，得非心中有所懼乎？苟懼之，何不令后妃來統軍也。」太陽罕怒，卽躍馬索戰。帝以哈撒兒主中軍。時札木合從太陽罕來，見帝軍容整肅，謂左右曰：「乃蠻初舉兵，視蒙古軍若羖䍽羔兒，意謂蹄皮亦不留。今吾觀其氣勢，殆非往時矣。」遂引所部兵遁去。是日，帝與乃蠻軍大戰至晡，禽殺太陽罕。諸部軍一時皆潰，夜走絕險，墜崖死者不可勝計。明日，餘衆悉降。於是朶魯班、塔塔兒、哈答斤、散只兀四部亦來降。

已而復征蔑里乞部。其長脫脫奔太陽罕之兄卜（魯欲）〔欲魯〕罕；其屬帶兒兀孫獻女迎降，俄復叛去。帝至泰寒寨，遣孛羅歡、沈白二人領右軍往平之。

歲乙丑，帝征西夏，拔力吉里寨，經落思城，大掠人民及其槖駝而還。

元年丙寅，帝大會諸王羣臣，建九游白旗，卽皇帝位於斡難河之源。諸王羣臣共上尊號曰成吉思皇帝。是歲實金泰和之六年也。

帝旣卽位，遂發兵復征乃蠻。時卜（魯欲）〔欲魯〕罕獵於兀魯塔山，擒之以歸。太陽罕子屈出律罕與脫脫奔也兒的石河上。

帝始議伐金。初，金殺帝宗親咸補海罕，帝欲復讐。會金降俘等具言金主璟肆行暴虐，帝乃定議致討，然未敢輕動也。

二年丁卯秋，再征西夏，克斡羅孩城。

是歲，遣按彈、不兀剌二人使乞力吉思。既而野牒亦納里部、阿里替也兒部，皆遣使來獻名鷹。

三年戊辰春，帝至自西夏。

夏，避暑龍庭。

冬，再征脫脫及屈出律罕。時斡亦剌部等遇我前鋒，不戰而降，因用爲向導。至也兒的石河，討蔑里乞部，滅之。脫脫中流矢死。屈出律奔契丹。

四年己巳春，畏吾兒國來歸。帝入河西。夏主李安全遣其世子率師來戰，敗之，獲其副元帥高令公。克兀剌海城，俘其太傅西壁氏。進至克夷門，復敗夏師，獲其將嵬名令公。薄中興府，引河水灌之。堤決，水外潰，遂撤圍還。遣太傅訛答入中興，招諭夏主，夏主納女請和。

五年庚午春，金謀來伐，築烏沙堡。帝命遮別襲殺其衆，遂略地而東。

初，帝貢歲幣于金，金主使衞王允濟受貢於（靜）〔淨〕州。〔一四〕帝見允濟不爲禮。允濟歸，欲請兵攻之。會金主璟殂，允濟嗣位，有詔至國，傳言當拜受。帝問金使曰：「新君爲誰？」金使曰：「衞王也。」帝遽南面唾曰：「我謂中原皇帝是天上人做，此等庸懦亦爲之耶，何以拜爲！」卽乘馬北去。金使還言，允濟益怒，欲俟帝再入貢，就進場害之。帝知之，遂與金絕，益嚴兵爲備。

六年辛未春，帝居怯綠連河。西域哈剌魯部主阿昔蘭罕來降。畏吾兒國主亦都護來覲。

二月，帝自將南伐，敗金將定薛於野狐嶺，取大水濼、豐利等縣。金復築烏沙堡。

秋七月，命遮別攻烏沙堡及烏月營，拔之。

八月，帝及金師戰于宣平之會河川，敗之。

九月，拔德興府，居庸關守將遁去。遮別遂入關，抵中都。

冬十月，襲金群牧監，驅其馬而還。耶律阿海降，入見帝于行在所。皇子朮赤、察合台、窩闊台分徇雲內、東勝、武、朔等州，下之。

是冬，駐蹕金之北境。劉伯林、夾谷長哥等來降。

七年壬申春正月，耶律留哥聚衆于隆安，自爲都元帥，遣使來附。帝破昌、桓、撫等州。金將紇石烈九斤等率兵三十萬來援，帝與戰于獾兒觜，大敗之。秋，圍西京。金元帥左都監奥屯襄率師來援，帝遣兵誘至密谷口逆擊之，盡殪。復攻西京，帝中流矢，遂撤圍。九月，察罕克奉聖州。冬十二月甲申，遮別攻東京不拔，卽引去，夜馳還，襲克之。

八年癸酉春，耶律留哥自立爲遼王，改元元統。秋七月，克宣德府，遂攻德興府。皇子拖雷、駙馬赤駒先登，拔之。帝進至懷來。及金行省完顏綱、元帥高琪戰，敗之，追至北口。金兵保居庸，詔可忒、薄刹守之。遂趨涿鹿。金西京留守忽沙虎遁去。帝出紫荆關，敗金師于五回嶺，拔涿、易二州。契丹訛魯不兒等獻北口，遮別遂取居庸，與可忒、薄刹會。八月，金忽沙虎弑其主允濟，迎豐王珣立之。

是秋，分兵三道：命皇子朮赤、察合台、窩闊台爲右軍，循太行而南，取保、遂、安肅、安、定、邢、洺、磁、相、衞、輝、懷、孟，掠澤、潞、遼、沁、平陽、太原、吉、隰，拔汾、石、嵐、忻、代、武等州而還；皇弟哈撒兒及斡陳那顏、拙赤䚟、薄剎爲左軍，遵海而東，取薊州、平、灤、遼西諸郡而還；帝與皇子拖雷爲中軍，取雄、霸、莫、安、河間、滄、景、獻、深、祁、蠡、冀、恩、濮、開、滑、博、濟、泰安、濟南、濱、棣、益都、淄、濰、登、萊、沂等郡。復命木華黎攻密州，屠之。史天倪、蕭勃迭率衆來降，木華黎承制並以爲萬戶。帝至中都，三道兵還，合屯大口。是歲，河北郡縣盡拔，唯中都、通、順、眞定、清、沃、大名、東平、德、邳、海州十一城不下。

九年甲戌春三月，駐蹕中都北郊。諸將請乘勝破燕，帝不從。乃遣使諭金主曰：「汝山東、河北郡縣悉爲我有，汝所守惟燕京耳。天旣弱汝，我復迫汝於險，天其謂我何。我今還軍，汝不能犒師以弭我諸將之怒耶？」金主遂遣使求和，奉衞紹王女岐國公主及金帛、童男女五百、馬三千以獻，仍遣其丞相完顏福興送帝出居庸。

夏五月，金主遷汴，以完顏福興及參政抹撚盡忠輔其太子守忠，留守中都。

六月，金糺軍斫答等殺其主帥，率衆來降。詔三摸合、石抹明安與斫答等圍中都。帝避暑魚兒濼。

秋七月，金太子守忠走汴。

冬十月，木華黎征遼東，高州盧琮、金(扑)〔朴〕等降。〔一五〕錦州張鯨殺其節度使，自立爲臨海王，遣使來降。

十年乙亥春正月，金右副元帥蒲察七斤以通州降，以七斤爲元帥。

二月，木華黎攻北京，金元帥寅答虎、烏古倫以城降，以寅答虎爲留守，吾也而權兵馬都元帥鎭之。興中府元帥石天應來降，以天應爲興中府尹。

三月，金御史中丞李英等率師援中都，戰于霸州，敗之。

夏四月，克淸、順二州。詔張鯨總北京十提控兵從南征。鯨謀叛伏誅。鯨弟致遂據錦州，僭號漢興皇帝，改元興龍。

五月庚申，金中都留守完顏福興仰藥死，抹撚盡忠棄城走，明安入守之。是月，避暑桓州涼涇。遣忽都忽等籍中都帑藏。

秋七月，紅羅山寨主杜秀降，以秀爲錦州節度使。遣乙職里往諭金主以河北、山東未下諸城來獻，〔一六〕及去帝號爲河南王，當爲罷兵。不從。詔史天倪南征，授右副都元帥，賜金虎符。

八月，天倪取平州，金經略使乞住降。木華黎遣史進道等攻廣寧府，降之。

是秋，取城邑凡八百六十有二。

冬十月，金宣撫蒲鮮萬奴據遼東，僭稱天王，國號大眞，改元天泰。

十一月，耶律留哥來朝，以其子斜闍入侍。史天祥討興州，擒其節度使趙守玉。

十一年丙子春，還盧朐河行宮。張致陷興中府，木華黎討平之。

秋，撒里知兀觧三摸合拔都魯率師由西夏趨關中，遂越潼關，獲金西安軍節度使尼龐古蒲魯虎，拔汝州等郡，抵汴京而還。

冬十月，蒲鮮萬奴降，以其子帖哥入侍。旣而復叛，僭稱東夏。

十二年丁丑夏，盜祁和尙據武平，史天祥討平之，遂擒金將巢元帥以獻。察罕破金監軍夾谷於霸州，金求和，察罕乃還。

秋八月，以木華黎爲太師，封國王，將蒙古、糺、漢諸軍南征，拔遂城、蠡州。

冬，克大名府，遂東定益都、淄、登、萊、濰、密等州。

是歲，禿滿部民叛，命鉢魯完、朶魯伯討平之。

十三年戊寅秋八月，兵出紫荊口，獲金行元帥事張柔，命還其舊職。木華黎自西京入河東，克太原、平陽及忻、代、澤、潞、汾、霍等州。金將武仙攻滿城，張柔擊敗之。是年，伐西夏，圍其王城，夏主李遵頊出走西涼。契丹六哥據高麗江東城，命哈眞、札剌率師平之，高麗王瞰遂降，請歲貢方物。

十四年己卯春，張柔敗武仙，降祁陽、曲陽、中山等城。夏六月，西域殺使者，帝率師親征，取訛答剌城，擒其酋哈只兒只蘭禿。秋，木華黎克岢嵐、吉、隰等州，進攻絳州，拔其城，屠之。

十五年庚辰春三月，帝克蒲華城。夏五月，克尋思干城，駐蹕也(石)〔兒〕的石河。〔一七〕秋，攻斡脫羅兒城，克之。木華黎徇地至眞定，武仙出降。以史天倪爲河北西路兵馬都元帥、行府事，仙副之。東平嚴實籍彰德、大名、磁、洺、恩、博、滑、濬等州戶三十萬來歸，木華黎承制授實金紫光祿大夫、行尚書省事。

冬，金邢州節度使武貴降。木華黎攻東平不克，留嚴實守之，撤圍趨洺州，分兵徇河北諸郡。

是歲，授董俊龍虎衞上將軍、右副都元帥。

十六年辛巳春，帝攻卜哈兒、薛迷思干等城，皇子朮赤攻養吉干、八兒眞等城，並下之。

夏四月，駐蹕鐵門關，金主遣烏古孫仲端奉國書請和，稱帝爲兄。不允。金東平行省事忙古棄城遁，嚴實入守之。宋遣苟夢玉來請和。

夏六月，宋（漣）〔漣〕水忠義統轄石珪率衆來降，〔一八〕以珪爲濟、兖、單三州總管。

秋，帝攻班勒紇等城，皇子朮赤、察合台、窩闊台分攻玉龍傑赤等城，下之。

冬十月，皇子拖雷克馬魯察葉可、馬魯、昔剌思等城。木華黎出河西，克葭、綏德、保安、鄜、坊、丹等州，進攻延安，不下。

十一月，宋京東安撫使張琳以京東諸郡來降，〔一九〕以琳爲滄、景、濱、棣等州行都元帥。

是歲，詔諭德順州。

十七年壬午春，皇子拖雷克徒思、匿察兀兒等城。還經木剌夷國，大掠之。渡搠搠闌河，克也里等城。遂與帝會，合兵攻塔里寒寨，拔之。木華黎軍克乾、涇、邠、原等州，攻鳳翔不下。

夏，避暑塔里寒寨。西域主札闌丁出奔，與滅里可汗合，忽都忽與戰不利。帝自將擊之，擒滅里可汗；札闌丁遁去，遣八剌追之，不獲。

秋，金復遣烏古孫仲端來請和，見帝于回鶻國。帝謂曰：「我向欲汝主授我河朔地，令汝主爲河南王，彼此罷兵，汝主不從。今木華黎已盡取之，乃始來請耶？」仲端乞哀，帝曰：「念汝遠來，河朔既爲我有，關西數城未下者，其割付我。令汝主爲河南王，勿復違也。」仲端乃歸。金平陽公胡天（祚）〔作〕以青龍堡降。〔二〇〕

冬十月，金河中府來附，以石天應爲兵馬都元帥守之。

十八年癸未春三月，太師國王木華黎薨。

夏，避暑八魯彎川。皇子朮赤、察合台、窩闊台及八剌之兵來會，遂定西域諸城，置達魯花赤監治之。

冬十月，金主珣殂，〔二一〕子守緒立。

是歲，宋復遣苟夢玉來。

十九年甲申夏，宋大名總管彭義斌侵河北。史天倪與戰於恩州，敗之。

是歲，帝至東印度國，角端見，班師。

二十年乙酉春正月，還行宮。

二月，武仙以眞定叛，殺史天倪。董俊判官李全亦以中山叛。

三月，史天澤擊仙走之，復眞定。

夏六月，彭義斌以兵應仙，天澤禦於贊皇，擒斬之。

二十一年〔丙戌〕春正月，〔二二〕帝以西夏納仇人(赤)〔亦〕臘喝翔昆及不遣質子，〔二三〕自將伐之。

二月，取黑水等城。

夏，避暑於渾垂山。取甘、肅等州。

秋，取西涼府搠羅、河羅等縣，遂踰沙陀，至黃河九渡，取應里等縣。

九月，李全執張琳，郡王帶孫進兵圍全於益都。

冬十一月庚申，帝攻靈州，夏遣嵬名令公來援。丙寅，帝渡河擊夏師，敗之。丁丑，五星聚見於西南。駐蹕鹽州川。

十二月，李全降。授張柔行軍千戶、保州等處都元帥。

是歲，皇子窩闊台及察罕之師圍金南京。遣唐慶責歲幣于金。

二十二年丁亥春，帝留兵攻夏王城，自率師渡河攻積石州。

二月，破臨洮府。

三月，破洮、河、西寧二州。〔二四〕遣斡陳那顏攻信都府，拔之。

夏四月，帝次龍德，拔德順等州，德順節度使愛申、進士馬肩龍死焉。

五月，遣唐慶等使金。

閏月，避暑六盤山。

六月，金遣完顏合周、奧屯阿虎來請和。帝謂群臣曰：「朕自去冬五星聚時，已嘗許不殺掠，遽忘下詔耶。今可布告中外，令彼行人亦知朕意。」是月，夏主李晛降。帝次清水縣西江。

秋七月壬午，不豫。己丑，崩于薩里川哈老徒之行宮。臨崩謂左右曰：「金精兵在潼關，南據連山，北限大河，難以遽破。若假道于宋，宋、金世讎，必能許我，則下兵唐、鄧，直擣大梁。金急，必徵兵潼關。然以數萬之衆，千里赴援，人馬疲弊，雖至弗能戰，破之必矣。」言訖而崩，壽六十六。葬起輦谷。至元三年冬十月，追謚聖武皇帝。至大二年冬十一月庚辰，加謚法天啓運聖武皇帝。廟號太祖。在位二十二年。

帝深沉有大略，用兵如神，故能滅國四十，遂平西夏。其奇勳偉跡甚衆，惜乎當時史官不備，或多失於紀載云。

戊子年。是歲，皇子拖雷監國。

校勘記

〔一〕統急里忽魯　考異云：「祕史作統格黎克豁羅罕。豁羅罕者，小河也。」按本卷後文有「帖尼火魯罕」，「豁羅罕」、「火魯罕」皆蒙古語「小河」音譯，此處「忽魯」下當有「罕」字。

〔二〕塔兒不台　明抄聖武親征錄各本多作「塔兒忽台」，與元朝祕史、拉施特史集譯音相符。此處

「不」應作「忽」。

〔三〕薩里河　說郛本聖武親征錄及本卷後文二十二年七月己丑條作「薩里川」。按「薩里川」元朝祕史作「薩阿里客額兒」，「客額兒」傍譯「曠野」、「野甸」，譯作「川」是。下同。

〔四〕禿台察兒　按元朝祕史作「札木合因迭兀紿察兒」，「迭兀」蒙古語，意爲「弟」，「禿」卽「迭兀」之異寫，此處混爲專名，係譯誤。

〔五〕薛徹大丑（及薛徹別吉）等　按薛徹別吉卽薛徹。聖武親征錄作「薛徹、大丑等」，無「及薛徹別吉」五字，據刪。

〔六〕菊兒〔罕〕　據聖武親征錄、元朝祕史、拉施特史集譯音補。下同。「菊兒罕」，意爲「全體之君」。

〔七〕不（魯欲）〔欲魯〕罕　據聖武親征錄、元朝祕史、拉施特史集譯音改正。下同。

〔八〕曲薛吾撒八剌二人　按元朝祕史、拉施特史集，曲薛吾撒八剌係一人，此處「二人」乃誤譯之文。

〔九〕〔怯〕綠憐河　據聖武親征錄補。按本書卷一一七牙忽都傳有「怯綠憐河」。

〔一〇〕汪罕之（子）〔孫〕禿撒合　據聖武親征錄改。按元朝祕史、拉施特史集均謂禿撒合爲亦剌合之子，汪罕之孫。

〔一一〕歲癸（丑）〔亥〕　據聖武親征錄改。殿本考證已校。

〔一二〕圍人乞〔力失〕〔失力〕　考異云：「當作乞失力。哈剌哈孫傳作啓昔禮，聲相近也。祕史作乞失力黑。」今據明抄說郛本聖武親征錄改正。

〔一三〕弘吉〔利〕〔剌〕　據聖武親征錄改。按此名本書屢見，此處「利」「剌」形近致誤。

〔一四〕〔靜〕〔淨〕州　據金史卷二四地理志、本書卷五八地理志及今內蒙古四子王旗城卜子村淨州故址元碑改。按本書「淨」又作「靜」或「靖」，今統改作「淨」，以別於遼陽行省、甘肅行省之靜州及湖廣行省之靖州。

〔一五〕金〔扑〕〔朴〕　據本書卷一一九木華黎傳及蘇天爵名臣事略卷一所引東平王世家改。

〔一六〕乙職里　疑卽金史卷一四宣宗紀屢見之蒙古語「乙里只」，意爲「使臣」。元朝祕史作「額勒赤」或「額勒臣」，華夷譯語作「額里臣」。此處「職里」二字疑倒舛。

〔一七〕也〔石〕〔兒〕的石河　據上文元年、三年所見「也兒的石河」改。

〔一八〕〔速〕〔漣〕水忠義統轄　據本書卷一一九木華黎傳及宋史卷四〇寧宗紀嘉定十三年十二月壬申條改。類編已校。

〔一九〕張琳　按宋史卷四七六李全傳、金史卷一〇二田琢傳、蒙古綱傳及長春眞人西遊記皆作「張林」，類編改「琳」爲「林」，是。

〔二〇〕胡天〔祚〕〔作〕　據金史卷一一八胡天作傳改。類編已校。

〔二一〕冬十月金主珣殂　按金史卷一六宣宗紀元光二年十二月庚寅條有「上崩于寧德殿」，此處「冬十月」當作「十二月」。考異已校。

〔二二〕二十一年〔丙戌〕　據聖武親征錄補。考異已校。

〔二三〕（赤）〔亦〕臘喝翔昆　按亦臘喝翔昆卽前文所見之亦剌合，「赤」、「亦」形近而誤，今改。

〔二四〕洮河西寧二州　按金史卷二六地理志，洮、河、西寧各爲一州，此處「二州」疑爲「三州」之誤。

元史卷二

本紀第二

太宗

太宗英文皇帝，諱窩闊台，太祖第三子。母曰光獻皇后，弘吉剌氏。太祖伐金、定西域，帝攻城略地之功居多。太祖崩，自霍博之地來會喪。

元年己丑夏，至忽魯班雪不只之地。皇弟拖雷來見。秋八月己未，諸王百官大會于怯綠連河曲雕阿蘭之地，以太祖遺詔卽皇帝位于庫鐵烏阿剌里。始立朝儀，皇族尊屬皆拜。頒大札撒。華言大法令也。金遣阿虎帶來歸太祖之賵，帝曰：「汝主久不降，使先帝老于兵間，吾豈能忘也，賵何爲哉！」却之。遂議伐金。敕蒙古民有馬百者輸牝馬一，牛百者輸牸牛一，羊百者輸羒羊一，爲永制。始置倉廩，立驛傳。命河北漢民以戶計，出賦調，耶律楚材主之；西域人以丁計，出賦調，麻合沒的滑剌西迷主之。印度國主、木羅夷國主來朝。西域伊思八剌納城酋長來降。

是歲，金復遣使來聘。不受。

二年庚寅春正月，詔自今以前事勿問。定諸路課稅，酒課驗實息十取一，雜稅三十取一。

是春，帝與拖雷獵于斡兒寒河，遂遣兵圍京兆。金主率師來援，敗之，尋拔其城。夏，避暑于塔密兒河。朶忽魯及金兵戰，敗績，命速不台援之。秋七月，帝自將南伐，皇弟拖雷、皇姪蒙哥率師從，拔天成等堡，遂渡河攻鳳翔。冬十一月，始置十路徵收課稅使，以陳時可、趙昉使燕京，劉中、劉桓使宣德，周立和、王貞使西京，呂振、劉子振使太原，楊簡、高廷英使平陽，王晉、賈從使眞定，張瑜、王銳使東平，王德亨、侯顯使北京，夾谷永、程泰使平州，田木西、李天翼使濟南。是月，師攻潼關、藍關，不克。

十二月，拔天勝寨及韓城、蒲城。

三年辛卯春二月，克鳳翔，攻洛陽、河中諸城，下之。

夏五月，避暑于九十九泉。命拖雷出師寶鷄。遣搠不罕使宋假道，宋殺之。復遣李國昌使宋需糧。

秋八月，幸雲中。始立中書省，改侍從官名。以耶律楚材爲中書令，粘合重山爲左丞相，鎭海爲右丞相。是月，以高麗殺使者，命撒禮塔率師討之，取四十餘城。高麗王㬚遣其弟懷安公請降。〔一〕撒禮塔承制設官分鎭其地，乃還。

冬十月乙(酉)〔卯〕，〔二〕帝圍河中。十二月己未，拔之。

四年壬辰春正月戊子，帝由白坡渡河。庚寅，拖雷渡漢江，遣使來報，卽詔諸軍進發。甲午，次鄭州。金防城提控馬伯堅降，授伯堅金符，使守之。丙申，大雪。丁酉，又雪。次新鄭。是日，拖雷及金師戰于鈞州之三峯，大敗之，獲金將蒲阿。戊戌，帝至三峯。壬寅，攻鈞州，克之，獲金將合達。遂下商、虢、嵩、汝、陝、洛、許、鄭、陳、亳、潁、壽、睢、永等州。

三月，命速不台等圍南京，金主遣其弟曹王訛可入質。〔三〕帝還，留速不台守河南。

夏四月，出居庸，避暑官山。高麗叛，殺所置官吏，徙居江華島。

秋七月，遣唐慶使金諭降，金殺之。

八月，撒禮塔復征高麗，中矢卒。金參政完顏思烈、恒山公武仙救南京，諸軍與戰，敗之。

九月，拖雷薨，帝還龍庭。

冬十一月，獵于納蘭赤剌溫之野。

十二月，如太祖行宮。

五年癸巳春正月庚申，金主奔歸德。戊辰，金西面元帥崔立殺留守完顏奴申、完顏習捏阿不，以南京降。

二月，幸鐵列都之地。詔諸王議伐萬奴，遂命皇子貴由及諸王按赤帶將左翼軍討之。

夏四月，速不台進至青城，崔立以金太后王氏、后徒單氏及（荆）〔梁〕王從恪、〔四〕（梁）〔荆〕王守純等至軍中，〔五〕速不台遣送行在，遂入南京。

六月，金主奔蔡，塔察兒率師圍之。詔以孔子五十一世孫元（楷）〔措〕襲封衍聖公。〔六〕

秋八月，獵于兀必思地。以阿同葛等充宣差勘事官，括中州戶，得戶七十三萬餘。

九月，擒萬奴。

冬十一月，宋遣荆鄂都統孟珙以兵糧來助。

十二月，諸軍與宋兵合攻蔡，敗武仙于息州。金人以海、沂、萊、濰等州降。是冬，帝至阿魯兀忽可吾行宮。大風霾七晝夜。敕修孔子廟及渾天儀。

六年甲午春正月，金主傳位于宗室子承麟，遂自經而焚。城拔，獲承麟，殺之。宋兵取金主餘骨以歸。金亡。

是春，會諸王，宴射于斡兒寒河。

夏五月，帝在達蘭達葩之地，大會諸王百僚，諭條令曰：「凡當會不赴而私宴者，斬。諸出入宮禁，各有從者，男女止以十人爲朋，出入毋得相雜。軍中凡十人置甲長，聽其指揮，專擅者論罪。其甲長以事來宮中，卽置權攝一人、甲外一人，二人不得擅自往來，違者罪之。諸公事非當言而言者，拳其耳；再犯，笞；三犯，杖；四犯，論死。諸千戶越萬戶前行者，隨以木鏃射之。百戶、甲長、諸軍有犯，其罪同。不遵此法者，斥罷。今後來會諸軍，甲內數不足，於近翼抽（捕）〔補〕足之。〔七〕諸人或居室，或在軍，毋敢喧呼。凡來會，用善馬五十匹爲一羈，守者五人，飼羸馬三人，守乞烈思三人。但盜馬一二者，卽論死。諸人馬不應絆於乞烈思內者，輒沒與畜虎豹人。諸婦人製質孫燕服不如法者，及妬者，乘以騾牛徇部中，論罪，卽聚財爲更娶。」

秋七月，以胡土虎那顏爲中州斷事官。遣達海紺卜征蜀。

是秋，帝在八里里答闌答八思之地，議自將伐宋，國王查老溫請行，遂遣之。

冬，獵于脫卜寒地。

七年乙未春，城和林，作萬安宮。遣諸王拔都及皇子貴由、皇姪蒙哥征西域，皇子闊端征秦、鞏，皇子曲出及胡土虎伐宋，唐古征高麗。

秋九月，諸王口溫不花獲宋何太尉。

冬十月，曲出圍棗陽，拔之，遂徇襄、鄧，入郢，虜人民牛馬數萬而還。

十一月，闊端攻石門，金便宜都總帥汪世顯降。中書省臣請契勘大明曆，從之。

八年丙申春正月，諸王各治具來會宴。萬安宮落成。詔印造交鈔行之。

二月，命應州郭勝、鈞州孛朮魯九住、鄧州趙祥從曲出充先鋒伐宋。

三月，復修孔子廟及司天臺。

夏六月，復括中州戶口，得續戶一百一十餘萬。耶律楚材請立編修所於燕京，經籍所於平陽，編集經史，召儒士梁陟充長官，以王萬慶、趙著副之。

秋七月，命陳時可閱刑名、科差、課稅等案，赴闕磨照。詔以眞定民戶奉太后湯沐，中原諸州民戶分賜諸王、貴戚、斡魯朶：拔都，平陽府；茶合帶，太原府；古與，大名府；孛魯帶，邢州；果魯干，河間府；孛魯古帶，廣寧府；野苦，益都、濟南二府戶內撥賜；按赤帶，濱、棣州；斡陳那顏，平、灤州；皇子闊端、駙馬赤苦、公主阿剌海、公主果眞、國王查剌溫、茶合帶、鍜眞、蒙古寒札、按赤那顏、圻那顏、火斜、朮思，並於東平府戶內撥賜有差。耶律楚材言非便，遂命各位止設達魯花赤，朝廷置官吏收其租頒之，非奉詔不得徵兵賦。闊端率汪世顯等入蜀，取宋關外數州，斬蜀將曹友聞。

冬十月，闊端入成都。詔招諭秦、鞏等二十餘州，皆降。皇子曲出薨。張柔等攻郢州，拔之。襄陽府來附，以游顯領襄陽、樊城事。

九年丁酉春，獵于揭揭察哈之澤。蒙哥征欽察部，破之，擒其酋八赤蠻。

夏四月，築掃憐城，作迦堅茶寒殿。

六月，左翼諸部訛言括民女。帝怒，因括以賜麾下。

秋八月，命朮虎乃、劉中試諸路儒士，中選者除本貫議事官，得四千三十人。

冬十月，獵于野馬川。幸龍庭，遂至行宮。

是冬，口溫不花等圍光州，命張柔、鞏彥暉、史天澤攻下之。遂別攻蘄州，降隨州，略地至黄州。宋懼請和，乃還。

十年戊戌春，塔思軍至北峽關，宋將汪統制降。夏，襄陽别將劉義叛，執游顯等降宋。宋兵復取襄、樊。帝獵于揭揭察哈之澤。築圖蘇湖城，作迎駕殿。

秋八月，陳時可、高慶民等言諸路旱蝗，詔免今年田租，仍停舊未輸納者，俟豐歲議之。

十一年己亥春，復獵于揭揭察哈之澤。皇子闊端軍至自西川。

秋七月，游顯自宋逃歸。以山東諸路災，免其稅糧。

冬十一月，蒙哥率師圍阿速蔑怯思城，閱三月，拔之。

十二月，商人奥都剌合蠻買撲中原銀課二萬二千錠，以四萬四千錠爲額，從之。

十二年庚子春正月，以奥都剌合蠻充提領諸路課稅所官。皇子貴由克西域未下諸部，遣使奏捷。命張柔等八萬戶伐宋。

冬十二月，詔貴由班師。敕州郡失盜不獲者，以官物償之。國初，令民代償，民多亡命，至是罷之。

是歲，以官民貸回鶻金償官者歲加倍，名羊羔息，其害爲甚，詔以官物代還，凡七萬六千錠。仍命凡假貸歲久，惟子本相侔而止，著爲令。籍諸王大臣所俘男女爲民。

十三年辛丑春二月，獵于揭揭察哈之澤。帝有疾，詔赦天下囚徒。帝瘳。

秋，高麗國王王瞮以族子綧入質。

冬十月，命牙老瓦赤主管漢民公事。

十一月丁亥，大獵。庚寅，還至鈋鐵鎛胡蘭山。奧都剌合蠻進酒，帝歡飲，極夜乃罷。辛卯遲明，帝崩于行殿。在位十三年，壽五十有六。葬起輦谷。追謚英文皇帝，廟號太宗。

帝有寬弘之量，忠恕之心，量時度力，舉無過事，華夏富庶，羊馬成羣，旅不齎糧，時稱治平。

壬寅年春，六皇后乃馬眞氏始稱制。

秋七月，張柔自五河口渡淮，攻宋揚、滁、和等州。

癸卯年春正月，張柔分兵屯田于襄城。

夏五月，熒惑犯房星。

秋，后命張柔總兵戍杞。

甲辰年夏五月，中書令耶律楚材薨。

乙巳年秋，后命馬步軍都元帥察罕等率騎三萬與張柔掠淮西，攻壽州，拔之，遂攻泗州、盱眙及揚州。宋制置趙葵請和，〔八〕乃還。

定宗

定宗簡平皇帝，諱貴由，太宗長子也。母曰六皇后，乃馬眞氏，以丙寅年生帝。太宗嘗命諸王按只帶伐金，帝以皇子從，虜其親王而歸。又從諸王拔都西征，次阿速境，攻圍木柵山寨，以三十餘人與戰，帝及憲宗與焉。太宗嘗有旨以皇孫失烈門爲嗣。太宗崩，皇后臨朝，會諸王百官於答蘭答八思之地，遂議立帝。

元年丙午春正月，張柔入覲於和林。

秋七月，卽皇帝位于汪吉宿滅秃里之地。帝雖御極，而朝政猶出於六皇后云。

冬，獵黃羊于野馬川。權萬戶史權等耀兵淮南，攻虎頭關寨，拔之，進圍黃州。

二年丁未春，張柔攻泗州。

夏，避暑于曲律淮黑哈速之地。

秋，西巡。

八月，命野里知吉帶率搠思蠻部兵征西。〔九〕是月，詔蒙古人戶每百以一名充拔都魯。

九月，取太宗宿衞之半，以也出門答兒領之。

冬十月，括人戶。

三年戊申春三月，帝崩于横相乙兒之地。在位三年，壽四十有三。葬起輦谷。追謚簡平皇帝，廟號定宗。

是歲大旱，河水盡涸，野草自焚，牛馬十死八九，人不聊生。諸王及各部又遣使於燕京迤南諸郡，徵求貨財、弓矢、鞍轡之物，或於西域回鶻索取珠璣，或於海東樓取鷹鶻，駟騎絡繹，晝夜不絕，民力益困。然自壬寅以來，法度不一，內外離心，而太宗之政衰矣。

己酉年。

庚戌年。

定宗崩後，議所立未決。當是時，已三歲無君。其行事之詳，簡策失書，無從考也。

校勘記

〔一〕懷安公　本書卷一四九王珣傳附王榮祖傳、高麗史卷九〇宗室傳均作「淮安公」，當以作「淮」爲是。

〔二〕冬十月乙(酉)〔卯〕　是月癸丑朔，無乙酉日。聖武親征錄有「冬十月初三日，上攻河中府。十二月初八日，克之」。按十月初三日爲乙卯，十二月初八日爲己未，與下文「十二月己未，拔之」合。今據改。

〔三〕金主遣其弟曹王訛可入質　按金史卷一七哀宗紀、卷九三宣宗諸子傳，訛可爲荆王守純子，金哀宗守緒之姪，此處稱「弟」，史文有誤。

〔四〕(荆)〔梁〕王從恪　據金史卷九三衞紹王子傳改。考異已校。

〔五〕(梁)〔荆〕王守純　據金史卷九三宣宗諸子傳改。考異已校。

〔六〕元(楷)〔措〕　據本書卷一四六耶律楚材傳、卷一五八姚樞傳改。類編已校。

〔七〕抽(捕)〔補〕足之　從殿本改。

〔八〕宋制置趙蔡　按宋史，宋理宗時各制置使無「趙蔡」其人；宋史卷四一、四二、四三理宗紀及卷四一七趙葵傳，趙葵于紹定、端平年間曾任淮東、京河制置使。類編改「蔡」爲「葵」，疑是。

〔九〕搠思蠻　按聖武親征錄有「太宗皇帝與太上皇共議遣搠力蠻復征西域」。搠力蠻，元朝秘史作「綽兒馬罕」、「搠兒馬罕」，會西征中亞、西南亞，佔居小亞。野里只吉帶受命率搠里蠻舊部，事亦見于拉施特史集。此處「思」誤，當作「里」。蒙史作「搠兒馬罕」。

元史卷三

本紀第三

憲宗

憲宗桓肅皇帝，諱蒙哥，睿宗拖雷之長子也。母曰莊（獻）〔聖〕太后，〔一〕怯烈氏，諱唆魯禾帖尼。歲戊辰，十二月三日生帝。時有黃忽答部知天象者，言帝後必大貴，故以蒙哥爲名。蒙哥，華言長生也。太宗在潛邸，養以爲子，屬昂灰皇后撫育之。既長，爲娶火魯剌部女火里差爲妃，分之部民。及睿宗薨，乃命歸藩邸。從征伐，屢立奇功。嘗攻欽察部，其酋八赤蠻逃于海島。帝聞，亟進師，至其地，適大風刮海水去，其淺可渡。帝喜曰：「此天開道與我也。」遂進屠其衆。擒八赤蠻，命之跪。八赤蠻曰：「我爲一國主，豈苟求生。且身非駝，何以跪人爲。」乃命囚之。八赤蠻謂守者曰：「我之竄入于海，與魚何異。然終見擒，天也。今水廻期且至，軍宜早還。」帝聞之，卽班師，而水已至，後軍有浮渡者。復與諸王拔都征斡羅思部，至也烈贊城，躬自搏戰，破之。

歲戊申，定宗崩，朝廷久未立君，中外恟恟，咸屬意於帝，而覬覦者衆，議未決。諸王拔都、木哥、阿里不哥、唆亦哥禿、塔察兒，大將兀良合台、速你帶、帖木迭兒、也速不花，咸會于阿剌脫忽剌兀之地。拔都首建議推戴。時定宗皇后海迷失所遣使者八剌在坐，曰：「昔太宗命以皇孫失烈門爲嗣，諸王百官皆與聞之。今失烈門故在，而議欲他屬，將置之何地耶？」木哥曰：「太宗有命，誰敢違之。然前議立定宗，由皇后脫（忽列）〔列忽〕乃與汝輩爲之，〔二〕是則違太宗之命者汝等也，今尚誰咎耶？」八剌語塞。兀良合台曰：「蒙哥聰明睿知，人咸知之，拔都之議良是。」拔都卽申令於衆，衆悉應之，議遂定。

元年辛亥夏六月，西方諸王別兒哥、脫哈帖木兒，東方諸王也古、脫忽、亦孫哥、按只帶、塔察兒、別里古帶，西方諸大將班里赤等，東方諸大將也速不花等，復大會于闊帖兀阿闌之地，共推帝卽皇帝位於斡難河。失烈門及諸弟腦忽等心不能平，有後言。帝遣諸王旭烈與忙可撒兒帥兵覘之。諸王也速忙可、不里、火者等後期不至，遣不憐吉解率兵備之。遂改更庶政：命皇弟忽必烈領治蒙古、漢地民戶；遣塔兒、斡魯不、察乞剌、賽典赤、趙（壁）〔璧〕等詣燕京，〔三〕撫諭軍民；以忙哥撒兒爲斷事官；以孛魯合掌宣發號令、朝覲貢獻及內外聞奏諸事；以晃兀兒留守和林宮闕、帑藏，阿藍答兒副之；以牙剌瓦赤、不只兒、斡魯不、覩答兒等充燕京等處行尚書省事，賽典赤、匿昝馬丁佐之；以訥懷、塔剌海、麻速忽等充別失八里等處行尚書省事，暗都剌兀尊、阿合馬、也的沙佐之；以阿兒渾充阿母河等處行尚書省事，法合魯丁、匿只馬丁佐之；以茶寒、葉了干統兩淮等處蒙古、漢軍，以帶答兒統四川等處蒙古、漢軍，以和里斛統土蕃等處蒙古、漢軍，皆仍前征進；以僧海雲掌釋教事，以道士李眞常掌道教事。葉孫脫、按只斛、暢吉、爪難、合答曲憐、阿里出及剛疙疸、阿散、忽都魯等，務持兩端，坐誘諸王爲亂，並伏誅。遂頒便益事宜於國中：凡朝廷及諸王濫發牌印、詔旨、宣命，盡收之；諸王馳驛，許乘三馬，遠行亦不過四；諸王不得擅招民戶；諸官屬不得以朝覲爲名賦歛民財；民糧遠輸者，許於近倉輸之。罷築和林城役千五百人。

冬，以宴只吉帶違命，遣合丹誅之，仍籍其家。

二年壬子春正月，幸失灰之地。遣乞都不花攻末來吉兒都怯寨。皇太后崩。

夏，駐蹕和林。分遷諸王於各所：合丹於別石八里地，蔑里於(于)葉兒的石河，〔四〕海都於海押立地，別兒哥於曲兒只地，脫脫於葉密立地，蒙哥都及太宗皇后乞里吉忽帖尼於擴端所居地之西。仍以太宗諸后妃家貲分賜親王。定宗后及失烈門母以厭禳事覺，並賜死。

謫失烈門、也速、孛里等於沒脫赤之地。禁錮和只、納忽、〔也〕孫脫等於軍營。〔五〕

秋七月，命忽必烈征大理，諸王禿兒花、撒（丘）〔立〕征身毒，〔六〕怯的不花征沒里奚，旭烈征西域素丹諸國。詔諭宋荊南、襄陽、樊城、均州諸守將，使來附。

八月，忽必烈次臨洮，命總帥汪田哥以城利州聞，欲爲取蜀之計。

冬十月，命諸王也古征高麗。帝駐蹕月帖古忽闌之地。時帝因獵墮馬傷臂，不視朝百餘日。

十二月戊午，大赦天下。以帖哥紬、闊闊朮等掌帑藏；孛闌合剌孫掌斡脫；阿忽察掌祭祀、醫巫、卜筮，阿剌不花副之。諸王合剌薨。以只兒斡帶掌傳驛所需，孛魯合掌必闍赤寫發宣詔及諸色目官職。徙諸匠五百戶修行宮。

是歲，籍漢地民戶。諸王旭烈薨。

三年癸丑春正月，汪田哥修治利州，且屯田，蜀人莫敢侵軼。帝獵于怯蹇叉罕之地。諸王也古以怨襲諸王塔剌兒營。〔七〕帝遂會諸王于斡難河北，賜予甚厚。罷也古征高麗兵，以札剌兒帶爲征東元帥。遣必闍別兒哥括斡羅思戶口。〔八〕

三月，大兵攻海州，戍將王國昌逆戰于城下，敗之，獲都統一人。

夏六月，命諸王旭烈兀及兀良合台等帥師征西域哈里發八哈塔等國。又命塔塔兒帶撒里、土魯花等征欣都思、怯失迷兒等國。帝幸火兒忽納要不〔花〕〔兒〕之地。〔九〕諸王拔都遣脫必察詣行在，乞買珠銀萬錠，以千錠授之，仍詔諭之曰：「太祖、太宗之財，若此費用，何以給諸王之賜。王宜詳審之。此銀就充今後歲賜之數。」

秋，幸軍腦兒。以忙可撒兒爲萬戶，哈丹爲札魯花赤。

九月，忽必烈次忒刺地，分兵三道以進。

冬十二月，大理平。帝駐蹕汪吉地。命宗王耶虎與洪福源同領軍征高麗，攻拔禾山、東州、春州、三角山、楊根、天龍等城。

是歲，斷事官忙哥撒兒卒。

四年甲寅春，帝獵于怯蹇叉罕。

夏，幸月兒滅怯〔土〕之地。〔一〇〕遣札剌亦兒部人火兒赤征高麗。

秋七月，詔官吏之赴朝理算錢糧者，許自首不公，仍禁以後浮費。

冬，大獵于也滅干哈里叉海之地。忽必烈還自大理，留兀良合台攻諸夷之未附者，入覲於獵所。

是歲，會諸王于顆顆腦兒之西，乃祭天于日月山。初籍新軍。帝謂大臣，求可以愼固封守、閑於將略者。擢史樞征行萬戶，配以眞定、相、衞、懷、孟諸軍，駐唐、鄧。張柔移鎭亳州。權萬戶史權屯鄧州。張柔遣張信將八漢軍戍潁州。王安國將四千戶渡漢南，深入而還。張柔以連歲勤兵，兩淮艱於糧運，奏據亳之利。詔柔率山前八軍，城而戍之。柔又以渦水北隘淺不可舟，軍旣病涉，曹、濮、魏、博粟皆不至，乃築甬路自亳抵汴，堤百二十里，流深而不能築，復爲橋十五，或廣八十尺，橫以二堡戍之。均州總管孫嗣遣人齎蠟書降，且乞援，史權以精甲備宋人之要，遂援嗣而來。其後驍將(鐘)〔鍾〕顯、〔二〕王梅、杜柔、袁師信各帥所部來降。

五年乙卯春，詔徵逋欠錢穀。

夏，帝幸月兒滅怯土。

秋九月，張柔會大帥于符離。以百丈口爲宋往來之道，可容萬艘，遂築甬路，自亳而南六十餘里，中爲橫江堡。又以路東六十里皆水，可致宋舟，乃立柵水中，惟密置偵邏於所達之路。由是鹿邑、寧陵、考、柘、楚丘、南頓無宋患，陳、蔡、潁、息皆通矣。

是歲，改命劄剌解與洪福源同征高麗。後此又連三歲，攻拔其光州、安城、(中)〔忠〕

州、〔一二〕玄（鳳）〔風〕、〔一三〕珍原、甲向、玉果等城。

六年丙辰春，大風起北方，砂礫飛揚，白日晦冥。帝會諸王、百官于欲兒陌哥都之地，設宴六十餘日，賜金帛有差，仍定擬諸王歲賜錢穀。忽必烈遣沒兒合石詣行在所，奏請續簽內郡漢軍，從之。

夏四月，駐蹕于答密兒。

五月，幸昔剌兀魯朶。

六月，太白晝見。幸斛亦兒阿塔。諸王亦孫哥、駙馬也速兒等請伐宋。帝亦以宋人違命囚使，會議伐之。

秋七月，命諸王各還所部以居。諸王塔察兒、駙馬帖里垓軍過東平諸處，掠民羊豕。帝聞，遣使問罪。由是諸軍無犯者。

是歲，（高）〔波〕麗國王細嵯甫、〔一四〕雲南酋長摩合羅嵯及素丹諸國來覲。兀良合台討白蠻等，克之；遂自昔八兒地還至重慶府，敗宋將張都統。賜金縷織文衣一襲、銀五十兩、綵帛萬二百匹，以賚軍士。

冬，帝駐蹕阿塔哈帖乞兒蠻。以阿木河回回降民分賜諸王百官。

七年丁巳春，幸忽蘭也兒吉。詔諸王出師征宋。乞都不花等討未來吉兒都怯寨，平之。夏六月，謁太祖行宮，祭旗鼓，復會于怯魯連之地，還幸月兒滅怯土。秋，駐蹕于軍腦兒，釃馬乳祭天。

九月，出師南征。以駙馬剌眞之子乞解爲達魯花赤，鎭守斡羅思，仍賜馬三百、羊五千。回鶻獻水精盆、珍珠傘等物，可直銀三萬餘錠。帝曰：「方今百姓疲弊，所急者錢爾，朕獨有此何爲。」却之。賽典赤以爲言，帝稍償其直，且禁其勿復有所獻。宗王塔察兒率諸軍南征，圍樊城，霖雨連月，乃班師。元帥卜隣吉解軍自鄧州略地，遂渡漢江。

冬十一月，兀良合台伐交趾，敗之，入其國。安南主陳日煚竄海島，遂班師。遣阿藍答兒、脫因、囊加台等詣陝西等處理算錢穀。

冬，帝度漠南，至於玉龍棧。忽必烈及諸王阿里不哥、八里土、出木哈兒、玉龍塔失、昔烈吉、公主脫滅干等來迎，大燕。既而各遣歸所部。

八年戊午春正月朔，幸也里本朶哈之地，受朝賀。

二月，陳日煚傳國于長子光昺。光昺遣壻與其國人以方物來見，兀良合台送詣行在所。諸王旭烈兀討回回哈里發，平之，禽其王，遣使來獻捷。帝獵于也里海牙之地。師南征，次于河。適冰合，以土覆之而渡。帝自將伐宋，由西蜀以入。命張柔從忽必烈征鄂，趨杭州。命塔察攻荊山，分宋兵力。宋四川制置使蒲澤之攻成都。紐璘率師與戰，敗之；進攻雲頂山，守將姚某等以衆相繼來降。詔以紐璘爲都元帥。帝由東勝（河度）〔渡河〕。〔一五〕遣參知政事劉太平括興元戶口。

三月，命洪茶丘率師從劄剌䚟同征高麗。

夏四月，駐蹕六盤山，諸郡縣守令來覲。豐州千戶郭燧奏請續簽軍千人修治金州，從之。是時，軍四萬，號十萬，分三道而進：帝由隴州入散關，諸王莫哥由（詳）〔洋〕州入米倉關，〔一六〕孛里叉萬戶由漁關入沔州。以明安答兒爲太傅，守京兆。詔徵益都行省李璮兵，璮來言：「益都南北要衝，兵不可撤。」從之。璮還，擊海州、漣水等處。

五月，皇子阿速帶因獵獨騎傷民稼，帝見讓之，遂撻近侍數人。士卒有拔民葱者，卽斬以徇。由是秋毫莫敢犯。仍賜所經郡守各有差。

秋七月，留輜重於六盤山，率兵由寶鷄攻重貴山，所至輒平。

八月辛丑，璮與宋人戰，殺宋師殆盡。

九月，駐蹕漢中。都元帥紐璘留密里火者、劉黑馬等守成都，悉率餘兵渡馬湖，禽宋制置使張實。遂遣實招諭苦竹隘，實遁。

冬十月壬午，帝次寶峯。癸未，如利州，觀其城池並非深固，以汪田哥能守，蜀不敢犯，賜卮酒獎諭之。帝渡嘉陵江，至白水江，命田哥造浮梁以濟。梁成，賜田哥等金帛有差。帝駐蹕劍門。戊子，攻苦竹隘，裨將趙仲竊獻東南門。師入，與其守將楊立戰，敗之，殺立，衆皆奔潰。詔毋犯趙仲家屬，仍賜仲衣帽，徙于隆慶。己亥，獲張實，支解之。賜田哥玉帶及犒賞士卒，留精兵五百守之。遣使招諭龍州。帝至高峯。庚子，圍長寧山，守將王佐、裨將徐昕等率兵出戰，敗之。

十一月己酉，帝督軍先攻鵝頂堡。壬子，力戰于望喜門。薄暮，宋知縣王仲由鵝頂堡出降。是夜破其城，王佐死焉。癸丑，誅佐之子及徐昕等四十餘人。以彭天祥爲達魯花赤治其事，王仲副之。丙辰，進攻(長)〔大〕獲山，〔一七〕守將〔楊〕大淵降，〔一八〕命大淵爲四川侍郎，仍以其兵從。庚午，次和溪口，遣驍騎略青居山。是月，龍州王知府降。諸王莫哥都攻禮義山不克，諸王塔察兒略地至江而還，並會于行在所。命忽必烈統諸路蒙古、漢軍伐宋。

十二月壬午，楊大淵率所部兵與汪田哥分擊相如等縣。都元帥紐隣攻簡州，以宋降將張威率衆爲先鋒。乙酉，帝次于運山。大淵遣人招降其守將張大悅，仍以大悅爲元帥。師至青居山，裨將劉淵等殺都統段元鑒降。庚寅，遣使招諭未附。丁酉，隆州守縣降。己亥，大良山守將蒲元圭降。詔諸軍毋俘掠。癸卯，攻雅州，拔之。石泉守將趙順降。甲辰，遣宋人晉國寶招諭合州守將王堅，堅辭之，國寶遂歸。

是歲，皇子辨都薨于吉河之南。

九年己未春正月乙巳朔，駐蹕重貴山北，置酒大會，因問諸王、駙馬、百官曰：「今在宋境，夏暑且至，汝等其謂可居否乎？」札剌亦兒部人脫歡曰：「南土瘴癘，上宜北還。所獲人民，委吏治之，便。」阿兒剌部人八里赤曰：「脫歡怯，臣願往居焉。」帝善之。戊申，晉國寶歸次峽口，王堅追還殺之。諸王莫哥都復攻渠州禮義山，曳剌禿魯雄攻巴州平梁山。丁卯，大淵請攻合州，俘男女八萬餘。

二月丙子，帝悉率諸兵渡鷄爪灘，至石子山。丁丑，督諸軍戰城下。辛巳，攻一字城。癸未，攻鎮西門。三月，攻東新門、奇勝門、鎮西門小堡。

夏四月丙子，大雷雨凡二十日。乙未，攻護國門。丁酉，夜登外城，殺宋兵甚衆。

五月，屢攻不克。

六月丁巳，〔一九〕汪田哥復選兵夜登外城馬軍寨，殺寨主及守城者。王堅率兵來戰。遲明，遇雨，梯折，後軍不克進而止。是月，帝不豫。

秋七月辛亥，留精兵三千守之，餘悉攻重慶。癸亥，帝崩于釣魚山，壽五十有二，在位九年。追諡桓肅皇帝，廟號憲宗。

帝剛明雄毅，沉斷而寡言，不樂燕飲，不好侈靡，雖后妃不許之過制。初，太宗朝，羣臣擅權，政出多門。至是，凡有詔旨，帝必親起草，更易數四，然後行之。御羣臣甚嚴，嘗諭旨曰：「爾輩若得朕奬諭之言，卽志氣驕逸，志氣驕逸，而災禍有不隨至者乎？爾輩其戒之。」性喜畋獵，自謂遵祖宗之法，不蹈襲他國所爲。然酷信巫覡卜筮之術，凡行事必謹叩之，殆無虛日，終不自厭也。

校勘記

〔一〕莊（獻）〔聖〕太后　本證云：「案后妃表，至元二年追諡莊聖皇后，至大三年加諡顯懿莊聖皇后，后妃傳同，此誤。」按「獻」誤，今改。

〔二〕脫（忽列）〔列忽〕乃　據本書卷一〇六后妃表「脫列哥那」譯音改正。元朝秘史作「朶列格揑」。

〔三〕趙（璧）〔璧〕　據本書卷一五九本傳改。類編已校。

〔四〕於（于）葉兒的石河　按「葉兒的石河」卽本書卷一太祖紀元年、三年所見「也兒的石河」，此「于」字衍，今删。新編已校。

〔五〕〔也〕孫脫　據志費尼世界征服者傳譯音補。按此也孫脫爲察合台之孫，曾參預窩闊台系諸王爭位密謀。

〔六〕撒(丘)〔立〕　撒立卽下文三年六月所見「撒里」之異譯，「丘」、「立」形近致誤，今改。蒙史改作「撒里」。

〔七〕塔剌兒　疑此卽前文所見東方諸王塔察兒。新元史改作「塔察兒」，疑是。

〔八〕必闍　按本書卷七四祭祀志有「必闍赤，譯言典書記者」，卷九九兵志「四怯薛」條有「爲天子主文史者曰必闍赤」。蒙古語「必闍」意爲「書」，「赤」猶言「者」。新元史「必闍」作「必闍赤」，疑是。

〔九〕火兒忽納要不(花)〔兒〕　據元朝祕史、拉施特史集譯音改。蒙史已校。

〔一〇〕月兒滅怯〔土〕　據後文五年夏、七年六月條所見「月兒滅怯土」補。蒙史已校。

〔一一〕(鐘)〔鍾〕顯　從北監本改。

〔一二〕(中)〔忠〕州　據本書卷一五四洪福源傳及高麗史卷五六地理志改。

〔一三〕玄(鳳)〔風〕　據高麗史卷五七地理志改。

〔一四〕(高)〔波〕麗　據本書卷一二一速不台傳附兀良合台傳改。蒙史已校。

〔一五〕帝由東勝(河度)〔渡河〕　據文意改正。

〔一六〕(祥)〔洋〕州　據本書卷六〇地理志改。類編已校。

〔一七〕(長)〔大〕獲山　從道光本改。按本書卷一二九紐璘傳、卷一三一速哥傳、卷一五五汪世顯傳附汪德臣傳皆作「大獲山」。

〔一八〕〔楊〕大淵　道光本考證云：「原文祇稱大淵，此係初見，史例當具姓名。」從補。

〔一九〕六月丁巳　道光本考證云：「以上文正月乙巳朔推之，六月內不當有丁巳，今闕疑。」

元史卷四

本紀第四

世祖一

世祖聖德神功文武皇帝，諱忽必烈，睿宗皇帝第四子。母莊聖太后，怯烈氏。以乙亥歲八月乙卯生。及長，仁明英睿，事太后至孝，尤善撫下。納弘吉剌氏爲妃。

歲甲辰，帝在潛邸，思大有爲於天下，延藩府舊臣及四方文學之士，問以治道。

歲辛亥，六月，憲宗卽位，同母弟惟帝最長且賢，故憲宗盡屬以漠南漢地軍國庶事，遂南駐爪忽都之地。

邢州有兩答剌罕言於帝曰：「邢吾分地也，受封之初，民萬餘戶，今日減月削，纔五七百戶耳，宜選良吏撫循之。」帝從其言。承制以脫兀脫及張耕爲邢州安撫使，劉肅爲商榷使，邢乃大治。

歲壬子，帝駐桓、撫間。憲宗令斷事官牙魯瓦赤與不只兒等總天下財賦于燕，視事一日，殺二十八人。其一人盜馬者，杖而釋之矣，偶有獻環刀者，遂追還所杖者，手試刀斬之。帝責之曰：「凡死罪必詳讞而後行刑，今一日殺二十八人，必多非辜。既杖復斬，此何刑也？」不只兒錯愕不能對。

太宗朝立軍儲所于新衞，以收山東、河北丁糧，後惟計直取銀帛，軍行則以資之。帝請于憲宗，設官築五倉于河上，始令民入粟。

宋遺兵攻虢之盧氏、河南之永寧、衞之八柳渡，帝言之憲宗，立經略司於汴，以忙哥、史天澤、楊惟中、趙璧爲使，陳紀、楊果爲參議，俾屯田唐、鄧等州，授之兵、牛，敵至則禦，敵去則耕，仍置屯田萬戶於鄧，完城以備之。

夏六月，入覲憲宗於曲先惱兒之地，奉命帥師征雲南。

秋七月丙午，禡牙西行。

歲癸丑，受京兆分地。諸將皆築第京兆，豪侈相尚，帝卽分遣，使戍興元諸州。又奏割河東解州鹽池以供軍食，立從宜府于京兆，屯田鳳翔，募民受鹽入粟，轉漕嘉陵。夏，遣王府尚書姚樞立京兆宣撫司，以孛蘭及楊惟中爲使，關隴大治。又立交鈔提舉司，印鈔以佐經用。

秋八月，師次臨洮。遣玉律朮、王君侯、王鑑諭大理，不果行。

九月壬寅，師次忒剌，分三道以進。大將兀良合帶率西道兵，由晏當路；〔一〕諸王抄合、也只烈帥東道兵，由白蠻；帝由中道。乙巳，至滿陀城，留輜重。

冬十月丙午，過大渡河，又經行山谷二千餘里，至金沙江，乘革囊及栰以渡。摩娑蠻主迎降，其地在大理北四百餘里。

十一月辛卯，復遣玉律朮等使大理。丁酉，師至白蠻打郭寨，其主將出降，其姪堅壁拒守，攻拔殺之，不及其民。庚子，次三甸。辛丑，白蠻送款。

十二月丙辰，軍薄大理城。初，大理主段氏微弱，國事皆決於高祥、高和兄弟。是夜祥率衆遁去，命大將也古及拔突兒追之。帝旣入大理，曰：「城破而我使不出，計必死矣。」己未，西道兵亦至，命姚樞等搜訪圖籍，乃得三使尸，旣瘗，命樞爲文祭之。辛酉，南出龍首城，〔二〕次趙瞼。癸亥，獲高祥，斬于姚州。留大將兀良合帶戍守，以劉時中爲宣撫使，與段氏同安輯大理，遂班師。

歲甲寅，夏五月庚子，駐六盤山。六月，以廉希憲爲關西道宣撫使，姚樞爲勸農使。秋八月，至自大理，駐桓、撫間，復立撫州。冬，駐爪忽都之地。

歲乙卯，春，復駐桓、撫間。冬，駐奉聖州北。

歲丙辰，春三月，命僧子聰卜地于桓州東、灤水北，城開平府，經營宮室。冬，駐于合剌八剌合孫之地。憲宗命益懷州爲分地。

歲丁巳，春，憲宗命阿藍答兒、劉太平會計京兆、河南財賦，大加鉤考，其貧不能輸者，帝爲代償之。

冬十二月，入覲于也可迭烈孫之地，議分道攻宋，以明年爲期。

歲戊午，冬十一月戊申，禡牙于開平東北，是日啓行。

歲己未，春二月，會諸王于邢州。

夏五月，駐小濮州。徵東平宋子貞、李昶，訪問得失。

秋七月甲寅，次汝南，命大將拔都兒等前行，備糧漢上，戒諸將毋妄殺。命楊惟中、郝經宣撫江淮，必闍赤孫貞督軍須蔡州。有軍士犯法者，貞縛致有司，白于帝，命戮以徇，諸軍凜然，無敢犯令者。

八月丙戌，渡淮。辛卯，入大勝關，宋戍兵皆遁。壬辰，次黄陂。甲午，遣廉希憲招臺山寨。比至，千戶董文炳等已破之。時淮民被俘者衆，悉縱之。庚子，先鋒茶忽得宋沿江制置司榜來上，有云：「今夏諜者聞北兵會議，取黄陂民船繫栰，由陽邏堡以渡，會于鄂州。」帝曰：「此事前所未有，願如其言。」辛丑，師次江北。

九月壬寅朔，親王穆哥自合州釣魚山遣使以憲宗凶問來告，且請北歸以繫天下之望。帝曰：「吾奉命南來，豈可無功遽還？」甲辰，登香鑪山，俯瞰大江，江北曰武湖，湖之東曰陽邏堡，其南岸卽滸黃洲。宋以大舟扼江渡，帝遣兵奪二大舟。是夜，遣木魯花赤、張文謙等具舟楫。乙巳遲明，至江岸，風雨晦冥，諸將皆以爲未可渡，帝不從。遂申敕將帥揚旗伐鼓，三道並進，天爲開霽。與宋師接戰者三，殺獲甚衆，逕達南岸。軍士有擅入民家者，以軍法從事。凡所俘獲，悉縱之。丁未，遣王冲道、李宗傑、訾郊招諭鄂城，比至東門，矢下如雨，冲道墜馬，爲敵所獲，宗傑、郊奔還。帝駐滸黃洲。己酉，抵鄂，屯兵敎場。庚戌，圍鄂。壬子，登城東北壓雲亭，立望樓，高可五丈，望見城中出兵，趣兵迎擊，生擒二人，云：「賈似道率兵救鄂，事起倉卒，皆非精銳。」遂命官取逃民棄糧，聚之軍中，爲攻取計。戊午，順天萬戶張柔兵至。大將拔突兒等以舟師趨岳州，遇宋將呂文德自重慶來，拔都兒等迎戰，文德乘夜入鄂城，守愈堅。

冬十月辛未朔，移駐烏龜山。甲戌，拔突兒還自岳。

十一月丙辰，移駐牛頭山。兀良合帶略地諸蠻，由交趾歷邕、桂，抵潭州，聞帝在鄂，遣使來告。時先朝諸臣阿藍答兒、渾都海、脫火思、脫里赤等謀立阿里不哥。阿里不哥者，睿宗第七子，帝之弟也。於是阿藍答兒發兵於漠北諸部，脫里赤括兵於漠南諸州，而阿藍答兒乘傳調兵，去開平僅百餘里。皇后聞之，使人謂之曰：「發兵大事，太祖皇帝曾孫眞金在此，何故不令知之？」阿藍答兒不能答。繼又聞脫里赤亦至燕，后卽遣脫歡、愛莫干馳至軍前密報，請速還。丁卯，發牛頭山，聲言趨臨安，留大將拔突兒等帥諸軍圍鄂。

閏月庚午朔，還駐青山磯。辛未，臨江岸。遣張文謙還諭諸將曰：「遲六日，當去鄂退保滸黃洲。」命文謙發降民二萬北歸。宋賈似道遣宋京請和，命趙璧等語之曰：「汝以生靈之故來請和好，其意甚善，然我奉命南征，豈能中止。果有事大之心，當請於朝。」是日，大軍北還。己丑，至燕。脫里赤方括民兵，民甚苦之。帝詰其由，托以憲宗臨終之命。帝察其包藏禍心，所集兵皆縱之，人心大悅。

是冬，駐燕京近郊。

中統元年春三月戊辰朔，車駕至開平。親王合丹、阿只吉率西道諸王，塔察兒、也先哥、忽剌忽兒、爪都率東道諸王，皆來會，與諸大臣勸進。帝三讓，諸王大臣固請。辛卯，帝卽皇帝位，以禡禡、趙璧、董文炳爲燕京路宣慰使。陝西宣撫使廉希憲言：「高麗國王嘗遣其世子倎入覲，會憲宗將兵攻宋，倎留三年不遣。今聞其父已死，若立倎，遣歸國，彼必懷德於我，是不煩兵而得一國也。」帝是其言，改館倎，以兵衞送之，仍赦其境內。

夏四月戊戌朔，立中書省，以王文統爲平章政事，張文謙爲左丞。以八春、廉希憲、商挺爲陝西四川等路宣撫使，趙良弼參議司事，粘合南合、張啓元爲西京等處宣撫使。己亥，詔諭高麗國王王倎，仍歸所俘民及其逃戶，禁邊將勿擅掠。辛丑，以卽位詔天下。詔曰：

朕惟祖宗肇造區宇，奄有四方，武功迭興，文治多缺，五十餘年於此矣。蓋時有先後，事有緩急，天下大業，非一聖一朝所能兼備也。先皇帝卽位之初，風飛雷厲，將大有爲。憂國愛民之心雖切於己，尊賢使能之道未得其人。方董夔門之師，遽遺鼎湖之泣。豈期遺恨，竟勿克終。

肆予冲人，渡江之後，蓋將深入焉。乃聞國中重以簽軍之擾，黎民驚駭，若不能一朝居者。予爲此懼，馹騎馳歸。目前之急雖紓，境外之兵未戢。乃會羣議，以集良規。不意宗盟，輒先推戴。左右萬里，名王巨臣，不召而來者有之，不謀而同者皆是。咸謂國家之大統不可久曠，神人之重寄不可暫虛。求之今日，太祖嫡孫之中，先皇母弟之列，以賢以長，止予一人。雖在征伐之間，每存仁愛之念，博施濟衆，實可爲天下主。天道助順，人謨與能。祖訓傳國大典，於是乎在，孰敢不從。朕峻辭固讓，至於再三，祈懇益堅，誓以死請。於是俯徇輿情，勉登大寶。自惟寡昧，屬時多艱，若涉淵冰，罔知攸濟。爰當臨御之始，宜新弘遠之規。祖述變通，正在今日。務施實德，不尙虛文。雖承平未易遽臻，而飢渴所當先務。嗚呼！曆數攸歸，欽應上天之命；勳親斯託，敢忘烈祖之規？（體極建）〔建極體〕元，〔三〕與民更始。朕所不逮，更賴我遠近宗族、中外文武，同心協力，獻可替否之助也。誕告多方，體予至意！

丁未，以翰林侍讀學士郝經爲國信使，翰林待制何源、禮部郎中劉人傑副之，使于宋。丙辰，收輯中外官吏宣劄牌面。遣帖木兒、李舜欽等行部，考課各路諸色工匠。置急遞鋪。乙丑，徵諸道兵六千五百人赴京師宿衞。置互市于漣水軍，禁私商不得越境，犯者死。是月，阿里不哥僭號于和林城西按坦河。召賈居貞、張儆、王煥、完顏愈乘傳赴闕。

五月戊辰朔，詔燕帖木兒、忙古帶節度黃河以西諸軍。丙戌，建元中統，詔曰：

祖宗以神武定四方，淳德御羣下。朝廷草創，未遑潤色之文；政事變通，漸有綱維之目。朕獲纘舊服，載擴丕圖，稽列聖之洪規，講前代之定制。建元表歲，示人君萬世之傳；紀時書王，見天下一家之義。法春秋之正始，體大易之乾元。炳煥皇猷，權輿治道。可自庚申年五月十九日，建元爲中統元年。惟卽位體元之始，必立經陳紀爲先。故內立都省，以總宏綱；外設總司，以平庶政。仍以興利除害之事、補偏救弊之方，隨詔以頒。於戲！秉籙握樞，必因時而建號；施仁發政，期與物以更新。敷宣懇惻之辭，表著憂勞之意。凡在臣庶，體予至懷！

詔安撫壽春府軍民。甲午，以阿里不哥反，詔赦天下。乙未，立十路宣撫司：以賽典赤、李德輝爲燕京路宣撫使，徐世隆副之；宋子貞爲益都濟南等路宣撫使，王磐副之；河南路經略使史天澤爲河南宣撫使；楊果爲北京等路宣撫使，趙（昞）〔炳〕副之；〔四〕張德輝爲平陽太原路宣撫使，謝瑄副之；孛魯海牙、劉肅並爲眞定路宣撫使；姚樞爲東平路宣撫使，張肅副之；中書左丞張文謙爲大名彰德等路宣撫使，游顯副之；粘合南合爲西京路宣撫使，崔巨濟副之；廉希憲爲京兆等路宣撫使。以汪惟正爲鞏昌等處便宜都總帥，虎闌箕爲鞏昌路元帥。詔諭成都路侍郎張威安撫元、忠、綿、資、邛、彭等州。西川、潼川、隆慶、順慶等府及各處山寨歸附官吏，皆給宣命、金符有差。詔平陽、京兆兩路宣撫司簽兵七千人，於延安等處守隘，以萬戶鄭鼎、昔剌忙古帶領之，貧不能應役者，官爲資給。徵諸路兵三萬駐燕京近地。命諸路市馬萬匹送開平府。以總帥汪良臣統陝西漢軍於沿河守隘。立望雲驛，非軍事毋得輒入。熒惑入南斗，留五十餘日。

六月戊戌，詔燕京、西京、北京三路宣撫司運米十萬石，輸開平府及撫州、沙井、（靖）〔淨〕州、〔五〕魚兒濼，以備軍儲。以李璮爲江淮大都督。劉太平等謀反，事覺伏誅，並誅乞帶不花於東川，明里火者於西川。渾都海反。乙巳，李璮言：「獲宋諜者，言賈似道調兵，聲言攻漣州。遣人覘之，見許浦江口及射陽湖兵船二千艘，宜繕理城塹以備。」罷阿藍帶兒所簽解鹽戶軍百人。壬子，詔陝西四川宣撫司八春節制諸軍。乙卯，詔東平路萬戶嚴忠濟等發精兵一萬五千人赴開平。乙丑，以石長不爲大理國總管，佩虎符。詔十路宣撫司造戰襖、裘、帽，各以萬計，輸開平。是月，召眞定劉郁，邢州郝子明，彰德胡祗遹，燕京馮渭、王光益、楊恕、李彥通、趙和之，東平韓文獻、張昉等，乘傳赴闕。高麗國王王倎遣其子永安公僖、判司宰事韓卽來賀卽位，以國王封册、王印及虎符賜之。

秋七月戊辰，敕燕京、北京、西京、眞定、平陽、大名、東平、益都等路宣撫司，造羊裘、皮帽、袴、靴，皆以萬計，輸開平。己巳，以萬戶史天澤扈從先帝有功，賜銀萬五千兩。遣靈州種田民還京兆。庚午，賜山東行省大都督李璮金符二十、銀符五，俾給所部有功將士。癸酉，以燕京路宣慰使禡禡行中書省事，燕京路宣慰使趙璧平章政事，張啓元參知政事，王鶚翰林學士承旨兼修國史，河南路宣撫使史天澤兼江淮諸翼軍馬經略使。丙子，詔中書省給諸王塔察兒益都、平州封邑歲賦、金帛，幷以諸王白虎、襲剌門所屬民戶、人匠、歲賦給之。詔造中統元寶交鈔。〔六〕立互市于潁州、漣水、光化軍。北京路都元帥阿海乞免所部軍士征徭，從之。宋兵攻邊城，詔遣太丑、怯列、忙古帶率所部，合兵擊之。下詔褒賞行省大都督李璮。帝自將討阿里不哥。敕劉天麟規措中都析津驛傳馬。

八月丙午，授中書左丞、行大名等路宣撫使張文謙虎符。丁未，詔都元帥紐璘所過毋擅捶掠官吏。己酉，立秦蜀行中書省，以京兆等路宣撫使廉希憲爲中書省右丞，行省事。

宋兵臨漣州，李璮乞諸道援兵。癸丑，賜必闍赤塔剌渾銀二千五百兩。李璮乞遣將益兵，渡淮攻宋，以方遣使修好，不從。癸亥，澤州、潞州旱，民饑，敕賑之。

九月丁卯，帝在轉都兒哥之地，以阿里不哥遺命，〔七〕下詔諭中外。乙亥，李璮復請攻宋，復諭止之。壬午，初置拱衞儀仗。是月，阿藍答兒率兵至西涼府，與渾都海軍合，詔諸王合丹、合必赤與總帥汪良臣等率師討之。丙戌，大敗其軍于姑臧，斬阿藍答兒及渾都海，西土悉平。

冬十月丁未，李璮言宋兵復軍于漣州。癸丑，初行中統寶鈔。戊午，車駕駐昔光之地，命給官錢，雇在京槖駝，運米萬石，輸行在所。

十一月戊子，發常平倉賑益都、濟南、濱棣饑民。

十二月丙申，以禮部郎中孟甲、禮部員外郎李文俊使安南、大理。乙巳，李璮上將士功，命璮以益都官銀賞之。帝至自和林，駐蹕燕京近郊。始制祭享太廟祭器、法服。以梵僧八合思八爲帝師，授以玉印，統釋教。立仙音院，復改爲玉宸院，括樂工。立儀鳳司，又立符寶局及御酒庫、羣牧所。升衞輝爲總管府。賜親王穆哥銀二千五百兩；諸王按只帶、忽剌忽兒、合丹、忽剌出、勝納合兒銀各五千兩，文綺帛各三百匹，金素半之；諸王塔察、阿朮魯鈔各五十九錠有奇，綿五千九十八斤，絹五千九十八匹，文綺三百匹，金素半之；海都銀八百三十三兩，文綺五十匹，金素半之；覩兒赤、也不干銀八百五十兩；兀魯忽帶銀五千兩，文綺三百匹，金素半之；只必帖木兒銀八百三十三兩；爪都、伯木兒銀五千兩，文綺三百匹，金素半之；都魯、牙忽銀八百三十三兩，特賜綿五十斤；阿只吉銀五千兩，文綺三百，金素半之；先朝皇后怙古倫銀二千五百兩，羅絨等折寶鈔二十三錠有奇；皇后斡者思銀二千五百兩；兀魯忽乃妃子銀五千兩。自是歲以爲常。

二年春正月辛未夜，東北赤氣照人，大如席。乙酉，宋兵圍漣州。己丑，李璮率將士迎戰，敗之。賜詔獎諭，給金銀符以賞將士。庚寅，璮擅發兵修益都城塹。

二月丁酉，太陰掩昴。己亥，宋兵攻漣水，命阿朮等帥兵赴之。丙午，車駕幸開平。詔減免民間差發。罷守隘諸軍。秦蜀行省借民錢給軍，以今年稅賦償之。免平陽、太原軍站戶重科租稅。丁未，詔行中書省平章禡禡及王文統等率各路宣撫使赴闕。丁巳，李璮破宋兵于沙湖堰。

三月壬戌朔，日有食之。

夏四月丙午，詔軍中所俘儒士聽贖爲民。辛亥，遣弓工往教鄯闡人爲弓。乙卯，詔十路宣撫使量免民間課程。命宣撫司官勸農桑，抑游惰，禮高年，問民疾苦，舉文學才識可以從政及茂才異等，列名上聞，以聽擢用；其職官汚濫及民不孝悌者，量輕重議罰。辛酉，詔太康弩軍二千八百人戍蔡州。以禮部郎中劉芳使大理等國。〔八〕

五月乙丑，禁使臣毋入民家，令止頓析津驛。遣崔明道、李全義爲詳問官，〔九〕詣宋淮東制司，訪問國信使郝經等所在，仍以稽留信使、侵擾疆埸詰之。庚辰，敕使臣及軍士所過城邑，官給廪餼，毋擾于民。丁亥，申嚴沿邊軍民越境私商之禁。唐慶子政臣入見，詔復其家。弛諸路山澤之禁。禁私殺馬牛。申嚴越境私商，販馬匹者罪死。以河南經略宣撫使史天澤爲中書右丞相，河南軍民並聽節制。詔成都路置惠民藥局。遣王祐於西川等路採訪醫、儒、僧、道。

六月癸巳，括漏籍老幼等戶，協濟編戶賦稅。丙申，賜新附人王顯忠、王誼等衣物有差。李壇遣人獻漣水捷。罷諸路拘收孛蘭奚。禁諸王擅遣使招民及徵私錢。戊戌，太陰犯角。詔諭十路宣撫司並管民官，定鹽酒稅課等法。癸卯，以嚴忠範爲東平路行軍萬戶兼管民總管，仍諭東平路達魯花赤等官並聽節制。詔定中外官所乘馬數各有差。乙巳，賑火少里驛戶之乏食者。賞欽察所部將校有功者銀二千五百兩及幣帛有差。己酉，命竇默仍翰林侍講學士。默與王鶚面論王文統不宜在相位，薦許衡代之，帝不懌而罷。辛亥，轉懿州米萬石賑親王塔察兒所部饑民。賜親王合丹所部軍幣帛九百匹、布千九百匹。乙卯，敕平陽路安邑縣蒲萄酒自今毋貢。詔：「宣聖廟及管內書院，有司歲時致祭，月朔釋奠；禁諸官員使臣軍馬，毋得侵擾褻瀆，違者加罪。」丙辰，以汪良臣同僉鞏昌路便宜都總帥，凡軍民官並聽良臣節制。丁巳，敕諸路造人馬甲及鐵裝具萬二千，輸開平。戊午，詔毋收衞輝、懷孟賦稅，以償其所借芻粟。庚申，宋瀘州安撫使劉整舉城降，以整行夔府路中書省兼安撫使，佩虎符。仍諭都元帥紐璘等使存恤其民。賜故金翰林修撰魏璠謚靖肅。秦蜀行省言青居山都元帥欽察等所部將校有功，詔降虎符一、金符五、銀符五十七，令行省銓定職名給之。城臨洮。陞眞定鼓城縣爲晉州，以鼓城、安平、武强、饒陽隸焉。賜僧子聰懷孟、邢州田各五十頃。罷金、銀、銅、鐵、丹粉、錫碌坑冶所役民夫及河南舞陽薑戶、藤花戶，還之州縣。賜大理國主段實虎符，優詔撫諭之。命李璮領益都路鹽課。出工局繡女，聽其婚嫁。懷孟廣濟渠提舉王允中、大使楊端仁鑿沁河渠成，溉田四百六十餘所。高麗國王倎更名禃，遣其世子愖奉表來朝，〔一〇〕命宿衞將軍孛里察、禮部郎中高逸民持詔往諭，仍以玉帶賜之。以不花爲中書右丞相，耶律鑄爲中書左丞相，張啓元爲中書右丞。授管領崇慶府、黎、雅、威、茂、邛、灌七處軍民小太尉虎符。

秋七月辛酉朔，立軍儲都轉運使司，以馬月合乃爲使，周鍇爲副使。癸亥，初立翰林國史院。王鶚請修遼、金二史，又言：「唐太宗置弘文舘，宋太宗設內外學士院。今宜除拜學士院官，作養人才。乞以右丞相史天澤監修國史，左丞相耶律鑄、平章政事王文統監修遼、金史，仍採訪遺事。」並從之。賑和林饑民。賞鞏昌路總帥汪惟正將校斬渾都海功銀二千五百兩、馬價銀四千九百兩。諸王昌童招河南漏籍戶五百，命付之有司。命總管王青製神臂弓、柱子弓。諭河南管軍官於近城地量存牧場，餘聽民耕。巴思答兒乞於高麗鴨綠江西立互市，從之。乙丑，遣使持香幣祀嶽瀆。丁丑，渡江新附民留屯蔡州者，徙居懷孟，貸其種食。以萬家奴爲安撫高麗軍民達魯花赤，賜虎符。庚辰，西京、宣德隕霜殺稼。辛巳，詔許衡卽其家敎懷孟生徒。命西京宣撫司造船備西夏漕運。壬午，遣納速剌丁〔二〕、孟甲等使安南。乙酉，以牛驛雨雪，道途泥濘，改立水驛。己丑，命鍊師王道(歸)〔婦〕於眞定築道觀，〔三〕賜名玉華。諭將士舉兵攻宋，詔曰：「朕卽位之後，深以戢兵爲念，故年前遣使於宋以通和好。宋人不務遠圖，伺我小隙，反啓邊釁，東剽西掠，曾無寧日。朕今春還宮，諸大臣皆以舉兵南伐爲請，朕重以兩國生靈之故，猶待信使還歸，庶有悛心，以成和議，留而不至者，今又半載矣。往來之禮遽絕，侵擾之暴不已。彼嘗以衣冠禮樂之國自居，理當如是乎？曲直之分，灼然可見。今遣王道貞往諭。卿等當整爾士卒，礪爾戈矛，矯爾弓矢，約會諸將，秋高馬肥，水陸分道而進，以爲問罪之舉。尙賴宗廟社稷之靈，其克有勳。卿等當宣布朕心，明諭將士，各當自勉，毋替朕命。」鄂州青山磯、瀳黃洲所招新民遷至江北者，設官領之。敕懷孟牧地聽民耕墾。

八月壬辰，賜故金補闕李大節謚貞肅。丁酉，命開平守臣釋奠于宣聖廟。戊戌，以燕京等路宣撫使賽典赤爲平章政事。敕以賀天爵爲金齒等國安撫使，忽林伯副之，仍招諭使安其民。己亥，諭武衛軍都指揮使李伯祐汰本軍疲老者，選精鋭代之，給海青銀符一，有奏，馳驛以聞。辛丑，以宣撫使粘合南合爲中書右丞，闊闊爲中書左丞，賈文備爲開元女直水達達等處宣撫使，賜虎符。以宋降將王青爲總管，教武衛軍習射。乙巳，禁以俘掠婦女爲娼。丙午，太白犯歲星。以許衡爲國子祭酒。丁未，以姚樞爲大司農，竇默仍翰林侍講學士。先是，以樞爲太子太師，衡爲太子太傅，默爲太子太保，〔一三〕樞等以不敢當師傅禮，皆辭不拜，故復有是命。初立勸農司，以陳邃、崔斌、成仲寬、粘合從中爲濱棣、平陽、濟南、河間勸農使，李士勉、陳天錫、陳膺武、忙古帶爲邢洺、河南、東平、涿州勸農使。己酉，命大名等路宣撫使歲給翰林侍講學士竇默、太醫副使王安仁衣糧，賜田以爲永業。甲寅，賞董文炳所將渡江及北征有功者二十二人，銀各五十兩。封順天等路萬戶張柔爲安肅公，濟南路萬戶張榮爲濟南公。陝西四川行省乞就決邊方重刑，不允。詔陝西四川行省存恤歸附軍民。詔：「自今使臣有矯稱上命者，有司不得聽受。諸王、后妃、公主、駙馬非聞奏，不許擅取官物。」賜慶壽寺、海雲寺陸地五百頃。敕西京運糧于沙井，北京運糧于魚兒泊。立檀州驛。頒斗斛權衡。賑桓州饑民。賜諸王塔察兒金千兩、銀五千兩、幣三百匹。給阿石寒甲價銀千二百兩。核實新增戶口，措置諸路轉輸法。命劉整招懷夔府、嘉定等處民戶。宋私商七十五人入宿州，議置于法，詔宥之，還其貨，聽榷場貿易。仍檄宋邊將還北人之留南者。

九月庚申朔，詔以忽突花宅爲中書省署。奉遷祖宗神主于聖安寺。癸亥，邢州安撫使張耕告老，詔以其子鵬翼代之。武衛親軍都指揮使李伯祐、董文炳言：「武衛軍疲老者，乞補換，仍存恤其家。」從之。丙寅，詔以粘合南合行中興府中書省。戊辰，大司農姚樞請以儒人楊庸教孔、顏、孟三氏子孫，東平府詳議官王鏞兼充禮樂提舉。詔以庸爲教授，以鏞特兼太常少卿。辛未，以淸、滄鹽課銀償往歲所貸民錢給公費者。置和糴所于開平，以戶部郎中宋紹祖爲提舉和糴官。丙子，諭諸王、駙馬，凡民間詞訟無得私自斷決，皆聽朝廷處置。河南民王四妻靳氏一產三男，命有司量給贍養。敕今歲田租輸沿河近倉，官爲轉漕，不可勞民。癸未，以甘肅等處新罹兵革，民務農安業者爲戍兵所擾，遣阿沙、焦端義往撫治之。以海靑銀符二、金符十給中書省，量軍國事情緩急，付乘驛者佩之。以開元路隸北京宣撫司。眞定路官民所貸官錢，貧不能償，詔免之。王鶚請於各路選委博學老儒一人，提舉本路學校，特詔立諸路提舉學校官，以王萬慶、敬鉉等三十人充之。敕燕京、順天等路續製人甲五千、馬甲及鐵裝具各二千。

冬十月庚寅朔，詔鳳翔府種田戶隸平陽兵籍，毋令出征，務耕屯以給軍餉。辛卯，陝西四川行省上言：「軍務急速，若待奏報，恐失事機。」詔與都元帥紐璘會議行之。遣道士訾洞春代祀東海廣德王廟。壬辰，敕火兒赤、奴懷率所部略地淮西。丁酉，敕愛亦伯等及陝西宣撫司檢覈不魯歡、阿藍塔兒所貸官銀。庚子，以右丞張啓元行中書省於平陽、太原等路。括西京兩路官民，有壯馬皆從軍，令宣德州楊庭訓統之，有力者自備甲仗，無力者官與供給。兩路奧魯官幷在家軍人，凡有馬者並付新軍劉總管統領。昂吉所管西夏軍，幷豐州、蕁麻林、夏水阿剌渾皆備鞍馬甲仗，及孛魯歡所管兵，凡徒行者市馬給之，並令從軍，違者以失誤軍期論。修燕京舊城。命平章政事趙璧、左三部尚書怯烈門率蒙古、漢軍駐燕京近郊、太行一帶，東至平灤，西控關陝，應有險阻，於附近民內選諳武事者，修立堡寨守禦。以河南屯田萬戶史權爲江漢大都督，依舊戍守。又選銳卒三千付史樞管領，於燕京近郊屯駐。壬寅，命亳州張柔、歸德邸浹、睢州王文幹、水軍解成、〔一四〕張榮實、東平嚴忠嗣、濟南張宏七萬戶，以所部兵來會。罷東平會計前任官侵用財賦。甲辰，宋兵攻瀘州，劉整擊敗之。詔賞整銀五千兩、幣帛二千匹。失里答、劉元振守禦有功，各賞銀五百兩，將士銀萬兩、幣帛千匹。乙巳，詔指揮副使鄭江將千人赴開平，指揮使董文炳率善射者千人由魚兒泊赴行在所，指揮使李伯祐率餘兵屯潮河川。壬子，詔霍木海、乞帶等自得勝口至中都預備糧餉芻粟。丙辰，詔平章政事塔察兒率軍士萬人，由古北口西便道赴行在所。

十一月壬戌，大兵與阿里不哥遇於昔木土腦兒之地，諸王合丹等斬其將合丹火兒赤及其兵三千人，塔察兒與合必赤等復分兵奮擊，大破之，追北五十餘里。帝親率諸軍以躡其後，其部將阿脫等降，阿里不哥北遁。庚午，太陰犯昴。壬申，詔免今年賦稅。癸酉，駐蹕帖買和來之地。以尚書怯烈門、平章趙璧兼大都督，率諸軍從塔察兒北上。分蒙古軍為二，怯烈門從麥肖出居庸口，駐宣德德興府；訥懷從阿忽帶出古北口，駐興州。帝親將諸萬戶漢軍及武衞軍，由檀、順州駐潮河川。敕官給芻糧，毋擾居民。罷十路宣撫司，止存開元路。命諸路市馬二萬五千餘匹，授蒙古軍之無馬者。丁丑，徵諸路宣撫司官赴中都。移蹕於速木合打之地。詔漢軍屯懷來、(晉)〔縉〕山。〔一五〕鷹坊阿里沙及阿散兄弟二人以擅離扈從伏誅。

十二月庚寅，詔封皇子眞金為燕王，領中書省事。辛卯，熒惑犯房。壬辰，熒惑犯鈎鈐。癸巳，以昌、撫、蓋利泊等處荐罹兵革，免今歲租賦。甲午，師還，詔撤所在戍兵，放民間新簽軍。命太常少卿王鏞教習大樂。壬寅，以隆寒命諸王合必赤所部軍士無行帳者，聽舍民居。命陝蜀行中書省給綏德州等處屯田牛、種、農具。初立宮殿府，秩正四品，專職營繕。立尚食局、尚藥局。初設控鶴五百四人，以劉德爲軍使領之。立異樣局達魯花赤，掌御用織造，秩正三品，給銀印。賜諸王金銀幣帛如歲例。

是歲，天下戶一百四十一萬八千四百九十有九。斷死罪四十六人。

校勘記

〔一〕晏當　按下文至元三十年六月庚寅條及本書卷一二一速不台傳附兀良合台傳皆作「旦當」。蒙史改「晏」爲「旦」，疑是。

〔二〕南出龍首城　按本書卷一二一速不台傳附兀良合台傳有「取龍首關，翊世祖入大理城」，與元文類卷四一經世大典序錄征伐所載相符。龍首卽上關，在大理北；龍尾卽下關，在大理南。此言入大理後南出下關，卽南出龍尾。「首」字誤，當作「尾」。

〔三〕（體極建）〔建極體〕元　據元典章卷一皇帝登寶位詔改正。類編已校。

〔四〕趙（昞）〔炳〕　據本書卷一六三趙炳傳改。蒙史已校。

〔五〕（靖）〔淨〕州　見卷一校勘記〔一四〕。

〔六〕詔造中統元寶交鈔　按本書卷九三食貨志鈔法有「世祖中統元年始造交鈔」，「是年十月又造中統元寶鈔」，元文類卷四〇經世大典序錄鈔法有「中統元年七月創造通行交鈔」，「是年十月又印諸路通行元寶」，此處「中統元寶」四字疑衍。

〔七〕以阿里不哥遺命　按阿里不哥方與忽必烈爭位，此時云「遺命」不可通。道光本改作「違命」。

〔八〕禮部郎中劉芳　按下文中統四年八月辛亥條及王惲中堂事記皆作「兵部郎中」，疑「禮」當作「兵」。

〔九〕李全義　按王惲秋澗集卷六七中書省牒宋三省文及中堂事記，「李全義」均作「李合義」，「全」當爲「合」之誤。

〔一〇〕世子愖　按高麗史卷二八忠烈王世家，「愖」應作「諶」。本書除卷一〇八諸王表作「諶」外，餘皆作「愖」。「愖」、「諶」通。

〔一一〕納速剌丁　按本書卷二〇八安南傳及元文類卷四一經世大典序錄征伐，蒙哥汗八年，兀良合歹遣訥剌丁使安南，往返蒙古、安南兩國間。中統三年，以訥剌丁爲安南達魯花赤。「訥剌丁」，安南志略作「耨剌丁」。此處疑「納速剌丁」爲「訥剌丁」之誤。

〔一二〕王道(歸)〔婦〕　按王惲中堂事記作「王道婦」，又稱「王老姑」、「有古烈婦之風」，據改。

〔一三〕衡爲太子太傅默爲太子太保　按本書卷一五八許衡傳、竇默傳及卷二〇六王文統傳，命爲太子太傅者係竇默，爲太子太保者係許衡。蒙史據以改正，是。

〔一四〕解成　按本書卷一六五有解誠傳，當卽此解成之傳。畿輔通志卷一六八引定興縣志有元解誠墓碑。疑「成」當作「誠」。

〔一五〕（習）〔縉〕山　據本書卷五八地理志、卷九九兵志改。

元史卷五

本紀第五

世祖二

三年春正月癸亥，修宣聖廟成。庚午，罷高麗互市。諸王塔察兒請置鐵冶，從之，請立互市，不從。忽剌忽兒所部民饑，罷上供羊。命銀冶戶七百、河南屯田戶百四十，賦稅輸之州縣。命匠戶爲軍者仍爲軍，其軍官當考第富貧，存恤無力者。耶律鑄詣北京餉諸王軍，仍遣宣撫使柴禎等增價糴米三萬石益之。〔一〕賜高麗國曆。辛未，禁諸道戍兵及勢家縱畜牧犯桑棗禾稼者。癸酉，以軍興人民勞苦，敕停公私逋負毋徵。癸未，賜廣寧王（瓜）〔爪〕都駝鈕金鍍銀印，〔二〕及諸王合必赤行軍印。宋制置使賈似道以書誘總管張元等，李璮獲其書上之。丙戌，命江漢大都督史權、亳州萬戶張弘彥將兵八千赴燕。備宮懸鐘磬、樂舞、籥翟，凡用三百六十二人。高麗遣使奉表來謝，優詔答之。李璮質子彥簡逃歸。

二月丁亥朔，元籍軍竄名爲民者，命有司還正之。括諸道逃亡軍。己丑，李璮反，以漣、海三城獻于宋，盡殺蒙古戍軍，引麾下趨益都。前宣撫副使王磐脫身走至濟南。驛召磐，令姚樞問計，磐對：「豎子狂妄，卽成擒耳。」帝然之。庚寅，宋兵攻新蔡。辛卯，始定中外官俸，命大司農姚樞講定條格。甲午，李璮入益都，發府庫犒其將校。乙未，詔諸道以今歲民賦市馬。丙申，郭守敬造寶山漏成，徙至燕京。以興、松、雲三州隸上都。〔三〕辛丑，李璮遣騎寇蒲臺。癸卯，詔發兵討之。以趙璧爲平章政事。修深、冀、南宮、棗强四城。甲辰，發諸蒙古、漢軍討李璮，命水軍萬戶解成、〔四〕張榮實、大名萬戶王文幹及萬戶嚴忠範會東平，濟南萬戶張宏、歸德萬戶邸浹、武衞軍礮手元帥薛軍勝等會濱棣。詔濟南路軍民萬戶張宏、濱棣路安撫使韓世安，各修城塹，盡發管內民爲兵以備。召張柔及其子弘範率兵二千詣京師。丙午，命諸王合必赤總督諸軍，以不只愛不干及趙璧行中書省事於山東，宋子貞參議行中書省事，以董源、高逸民爲左右司郎中，許便宜從事。眞定、順天、河間、平灤、大名、邢州、河南諸路兵皆會濟南。以中書左丞闊闊、尙書怯烈門、宣撫游顯行宣慰司於大名，洛磁、懷孟、彰德、衞輝、河南東西兩路皆隸焉。己酉，王文統坐與李璮同謀伏誅，仍詔諭中外。王演等以妖言誅。辛亥，敕元帥阿海分兵戍平(灣)〔灤〕、〔五〕海口及東京、廣寧、懿州，以餘兵詣京師。詔諸道括逃軍還屯田，嚴其禁。壬子，李璮據濟南。癸丑，詔大名、洛磁、彰德、衞輝、懷孟、河南、眞定、邢州、順天、河間、平灤諸路皆籍兵守城。宋兵攻滕州。丙辰，詔拔都抹台將息州戍兵詣濟南，移其民於蔡州；東平萬戶嚴忠範留兵戍宿州及蘄縣，以餘兵自隨。

三月戊午，有旨：「非中書省文移及兵民官申省者，不許入遞。」己未，括木速蠻、畏吾兒、也里可溫、答失蠻等戶丁爲兵。庚申，括北京鷹坊等戶丁爲兵，蠲其賦，令趙炳將之。辛酉，宗拔突言河南有自願從軍者，命卽令將之。遣鄭鼎、贍思丁、答里帶、三島行宣慰司事于平陽、太原。簽見任民官及〔打〕捕鷹坊、人匠等軍。〔六〕徙弘州錦工繡女于京師。敕河東兩路元括金州兵付鄭鼎將之。詔以平章政事禡禡、廉希憲，參政商挺，斷事官麥肖行中書省于陝西、四川。獲私商南界者四十餘人，命釋之。敕燕京至濟南置海青驛凡八所。壬申，命戶部尚書劉肅專職鈔法，平章政事賽典赤兼領之。以撒吉思、柴楨行宣慰司事于北京。免今歲絲銀，止輸田租。癸酉，命史樞、阿朮各將兵赴濟南。遇李璮軍，邀擊大破之，斬首四千，璮退保濟南。乙亥，宋將夏貴攻符離。戊寅，萬戶韓世安率鎭撫馬興、千戶張濟民，大破李璮兵於高苑，獲其權府傅珪，賜濟民、興金符。詔以李璮兵敗諭諸路。禁民間私藏軍器。壬午，始以畏吾字書給驛璽書。免西京今年絲銀稅。甲申，免高麗酒課。乙酉，宋夏貴攻蘄縣。諭諸路管民官，毋令軍馬、使臣入州城、村居、鎭市，擾及良民。

夏四月丙戌朔，大軍樹柵鑿塹，圍壇于濟南。丁亥，詔博興、高苑等處軍民嘗爲李壇脅從者，並釋其罪。庚寅，命怯烈門、安撫張耕分邢州戶隸兩答剌罕。辛卯，修河中禹廟，賜名建極宮。壬辰，以大梁府渠州路軍民總帥蒲元圭爲東夔路經略使。〔七〕丙申，宋華路分、湯太尉攻徐、邳二州。詔分張柔軍千人還戍亳州。庚子，江漢大都督史權以趙百戶挈衆逃歸，斬之。詔：「自今部曲犯重罪，鞫問得實，必先奏聞，然後置諸法。」詔安輯徐、邳民，禁征戍軍士及勢官，毋縱畜牧傷其禾稼桑棗。以米千石、牛三百，給西京蒙古戶。癸卯，宋兵攻亳州。甲辰，命行中書省、宣慰司、諸路達魯花赤、管民官，勸誘百姓，開墾田土，種植桑棗，不得擅興不急之役，妨奪農時。乙巳，以北京、廣寧、豪、懿州軍興勞弊，免今歲稅賦。命諸路詳讞寃獄。詔河東兩路幷平陽、太原路達魯花赤及兵民官，撫安軍民，各安生業，毋失歲計。丁未，李壇遣柴牛兒招諭部民盧廣，廣縛以獻，殺之。以廣權威州軍判，兼捕盜官。戊申，賜諸王也相哥金印。庚戌，賜諸王合必赤金銀海青符各二。免松州、興州、望雲州新舊差賦。以望雲、松山、興州課程隸開平府。壬子，敕非軍情毋行望雲驛。乙卯，河南路王谿子、張無僧、杜信等謀爲不軌，並伏誅。詔右丞相史天澤專征，諸將皆受節度。

五月戊午，蘄縣陷，權萬戶李義、千戶張好古死之。庚申，築環城圍濟南，壇不復得出。詔撒吉思安撫益都路百姓，各務農功，仍禁蒙古、漢軍剽掠。癸亥，史權妄奏徐、邳總管李杲哥完復邳州城，詔由杲哥以下並原其罪。時宋將夏貴攻邳州，杲哥出降，貴旣去，杲哥自陳能保全州城，史權以聞，故有是命。甲子，宋兵攻利津縣。蠲濱棣今歲田租之半，東平蠲十之三。自燕至開平立牛驛，給鈔市車牛。戊辰，以（右）〔左〕丞相忽魯不花兼中書省都斷事官，〔八〕賜虎符。眞定、順天、邢州蝗。以平章政事賽典赤兼領工部及諸路工作。以孟烈所獻蹶張弩藏于中都。丙子，（晉）〔縉〕山至望雲立海青驛。〔九〕丁丑，李杲哥等伏誅。命史天澤選考徐、邳總管。甲申，眞定路不眼里海牙擅殺造僞鈔者三人，詔詰其違制之罪。西京、宣德、（咸）〔威〕寧、〔一〇〕龍門霜，（天順）〔順天〕、〔一一〕平陽、河南、眞定雨雹，東平、濱棣旱。詔覈實逃戶、輸納絲銀稅租戶，口增者賞之，隱匿者罪之，逃民苟免差稅重加之罪。大司農姚樞辭赴省議事，帝勉留之，命樞與左三部尙書劉肅依前商議中書省事。

六月乙酉朔，宋兵攻滄州、雅州、瀘山，民旣降復叛，命誅其首亂者七人，餘令安業。割遼河以東隸開元路。戊子，濱棣安撫使韓（安世）〔世安〕敗宋兵于濱州丁河口。〔一二〕己丑，遣塔察兒帥兵擊宋軍，仍安諭瀕海軍民。乙未，禁女直侵軼高麗國民，其使臣往還，官爲護送。命婆娑府屯田軍移駐鴨綠江之西，以防海道。丙申，高麗國王王禃遣使來貢。壬寅，陝西行省言西京、宣德、太原匠軍困乏，乞以民代之。有旨：「軍籍已定，不宜動搖。宜令貧富相資，果甚貧者，令休息一歲。」癸卯，太原總管李毅奴哥、達魯花赤戴曲薛等領李璮僞檄，傳行旁郡，事覺誅之。敕（武寧）〔寧武〕軍歲輸所產鐵。〔一三〕河西民及諸王忽撒吉所部軍士乏食，給鈔賑之。壬子，申嚴軍官及兵伍擾民之禁。癸丑，立小峪、蘆子、寧武軍、赤泥泉鐵冶四所。東平嚴忠濟向爲民貸錢輸賦四十三萬七千四百錠，借用課程、鈔本、鹽課銀萬五千餘兩，詔勿徵。

秋七月戊午，復蒙古軍站戶差賦，農民包銀徵其半，俘戶止令輸絲。民當輸賦之月，毋徵私債。敕私市金銀應支錢物，止以鈔爲准。丙寅，賜夔州路行省楊大淵金符十、銀符十九，〔一四〕賞麾下將士；別給海青符二，事有急速，馳以上聞。立槍杆嶺驛，以便轉輸。癸酉，甘州饑，給銀以賑之。甲戌，李璮竄蹙，入大明湖，投水中不卽死，獲之，併蒙古軍囊家伏誅，體解以徇。戊寅，以夔府行省劉整行中書省於成都、潼川兩路，仍賜銀萬兩，分給軍士之失業者。

八月己丑，郭守敬請開玉泉水以通漕運；廣濟河渠司王允中請開邢、洺等處漳、滏、（澧）〔灃〕河、達泉以溉民田；〔一五〕並從之。甲午，博都歡等奏請以宣德州、德興府等處銀冶付其匠戶，歲取銀及石綠、丹粉輸官，從之。丙午，立諸路醫學教授。戊申，敕王鶚集廷臣商榷史事，鶚等乞以先朝事蹟錄付史館。河間、平灤、廣寧、西京、宣德、北京隕霜害稼。

九月戊午，亳州萬戶張弘略破宋兵于蘄縣，復宿、蘄二城。以侍衞親軍都指揮使董文炳兼山東路經略使，收集益都舊軍充武衞軍，戍南邊。詔益都行省大都督撒吉思與董文炳會議兵民籍，每十戶惟取其二充武衞軍；其海州、東海、漣水移入益都者，亦隸本衞。己未，罷霸州海青驛。安南國陳光昞遣使貢方物。壬戌，改邢州爲順德府，立安撫司，洺、磁、威三州隸焉。聽太原民食小鹽，歲輸銀七千五百兩。己巳，以馬月合乃餉軍功，授禮部尚書，賜金符。壬申，授安南國王陳光昞及達魯花赤訥剌丁虎符。敕濟南官吏，凡軍民公私逋負，權閣毋徵。癸酉，都元帥闊闊帶卒于軍，以其兄阿朮代之，授虎符，將南邊蒙古、漢軍。

閏月甲申朔，沙、肅二州乏食，給米、鈔賑之。丁亥，立古北口驛。己丑，濟南民饑，免其賦稅。免諸路軍戶他徭。庚寅，敕京師順州至開平置六驛。辛卯，嚴忠範奏請補東平路廟學太常樂工，從之。敕武衞軍及黑軍會于京師。庚子，中翼千戶九住破宋兵于虎腦山。庚戌，發粟三十萬〔石〕賑濟南饑民。〔一六〕

冬十月丙辰，放金州所屯軍士二千人及大(明)〔名〕、〔一七〕河南新簽防城軍爲民。庚申，分益都軍民爲二，董文炳領軍，撒吉思治民。禁諸王、使臣、師旅敢有恃勢擾民者，所在執以聞。詔以李璮所掠民馬還其主。以郝經、劉人傑使宋未還，廩其家。中書省奏與宋互市，庶止私商，及復逋民之陷于宋者，且覘漣、海二州，不允。以劉仁傑不附李璮，擢益都路總管，仍以金帛賜之。壬戌，授益都行中書省都督府所統州郡官金符十七、銀符十一。乙丑，詔禁京畿畋獵。丙寅，分東西兩川都元帥府爲二，以帖的及劉整等爲都元帥及左右副都元帥。詔責高麗欺慢之罪。又詔賜高麗王禃曆。以戰功賞渠州達魯花赤王璋等金五十兩、銀一千五百五十兩。賞閬、蓬等路都元帥合州戰功銀五千兩。丁卯，詔鳳翔府屯田軍隸兵籍，仍屯田鳳翔。放刁國器所簽平陽軍九百一十五人爲民。閬、蓬、廣安、順慶、夔府等路都元帥欽察戍青居山，請益兵，詔陝西行省及鞏昌總帥汪惟正以兵益之。戊辰，楊大淵乞於利州大安軍以鹽易軍糧，從之。庚午，敕鞏昌總帥汪惟正將戍青居軍還，屯田利州。乙亥，分中書左右部。丁丑，敕宿州百戶王達等所擒宋王用、夏珍等八人赴京師。命百家奴所將質子軍入侍。戊寅，命不里剌所統固安、平灤質子軍自益都徙還故地。詔益都府路官吏軍民爲李璮脅從者，並赦其罪。敕萬戶嚴忠範修復宿州、蘄縣，萬戶忽都虎、懷都、何總管修完邳州城郭。

十一月乙酉，太白犯鉤鈐。丁亥，敕聖安寺作佛頂金輪會，長春宮設金籙周天醮。辛丑，日有背氣重暈三珥。敕濟南人民爲李璮裨校掠取財物者，詣都督撒吉思所訟之。眞定民郝興讎殺馬忠，忠子榮受興銀，令興代其軍役。中書省以榮納賂忘讎，無人子之道，杖之，沒其銀。事聞，詔論如法。有司失出之罪，俾中書省議之。三叉沽竈戶經宋兵焚掠，免今年租賦。汰少府監工匠，存其良者千二百戶。遣官審理陝西重刑。敕河西民徙居應州，其不能自贍者百六十戶，給牛具及粟麥種，仍賜布，人二匹。乙巳，詔都元帥阿朮分兵三千人同阿鮮不花、懷都兵馬，復立宿州、蘄縣、邳州。有旨諭史天澤：「朕或乘怒欲有所誅殺，卿等宜遲留一二日，覆奏行之。」丙午，詔特徵人員，宜令乘傳。戊申，陞撫州爲隆興府，以昔剌斡脫爲總管，割宣德之懷安、天成及威寧、高原隸焉。

十二月甲寅，封皇子眞金爲燕王，守中書令。丙辰，敕諸王塔察兒等所部獵戶止收包銀，其絲稅輸之有司。立河南、山東統軍司，以塔剌渾火兒赤爲河南路統軍使，盧昇副之，東距亳州，西至均州，諸萬戶隸焉；茶不花爲山東路統軍使，武秀副之，西自宿州，東至寧海州，諸萬戶隸焉。罷各路急遞鋪。丁巳，立十路宣慰司，以眞定路達魯花赤趙瑨等爲之。己未，犯罪應死者五十三人，詔重加詳讞。辛酉，詔給懷州新民耕牛二百，俾種水田。立諸路轉運司，以燕京路監榷官曹澤等爲之使。癸亥，享太廟。詔：「各路總管兼萬戶者，止理民事，軍政勿預。其州縣官兼千戶、百戶者仍其舊。」乙丑，復立息州城以安其民。召眞定、順德等路宣慰使王〔盤〕〔磐〕乘傳赴京師。〔一八〕丙寅，申嚴屠殺牛馬之禁。己巳，詔：「諸路管民總管子弟，有分管州、府、司、縣及鷹坊、人匠諸色事務者，罷之。」壬申，遣使收輯諸路軍民官海青牌及驛券。戊寅，詔：「諸路管民官理民事，管軍官掌兵戎，各有所司，不相統攝。」作佛事於昊天寺七晝夜，賜銀萬五千兩。割北京、興州隸開平府。建行宮于〔興隆〕〔隆興〕路。〔一九〕

陞太原臨泉縣為臨州。降寧陵為下縣，仍隸歸德。賜諸王金、銀、幣、帛如歲例。

是歲，天下戶一百四十七萬六千一百四十六。斷死罪六十六人。

四年春正月乙酉，禁蒙古軍馬擾民。宋賈似道遣楊琳齎空名告身及蠟書、金幣，誘大獲山楊大淵南歸。大淵部將執琳，詔誅之。以宋忽兒、滅里及沙只回回鷹坊等兵戍商州、藍田諸隘。軍民官各從統軍司及宣慰司選舉。岳天輔乞復立息州，不允。丙戌，以姚樞為中書左丞。改諸路監榷課稅所為轉運司。甲午，給公主拜忽符印，其所屬設達魯花赤。給鈔賑益都路貧民之無牛者。立十路奧魯總管。丁酉，益都路行省大都督撒吉思上李璮所傷漣水軍民及陷宋蒙古、女直、探馬赤軍數，男女凡七千九百二十二人。癸卯，領部阿合馬請興河南等處鐵冶及設東平等路巡禁私鹽軍，從之。召商挺、趙良弼赴闕。乙巳，敕李平陽以所部西川出征軍士戍青居山，其各翼軍在青居山者悉還成都。詔陝西行省塔剌海等收恤離散軍戶。詔：「以諸路漢軍奧魯毋隸各萬戶管領。其科徵差稅，山東、河南隸統軍司，東西兩川隸征東元帥府，陝西隸行戶部。凡奧魯官內有各萬戶弟、男及私人，皆罷之。」敕總帥汪忠臣、都元帥帖的及劉整等益兵付都元帥欽察，戍青居山。仍以解州鹽課給軍糧。丙午，詔諸翼萬戶簡精兵四千充武衛軍。罷古北口新置驛。增萬戶府監戰一員、參議一員。以馬合麻所俘濟南老僧口之民文面爲奴者，付元籍爲民。汪忠臣、史權械繫宋諜者六人至京師，有旨釋之。辛亥，申禁民家兵器及蒙古軍擾民者。陵州達魯花赤蒙哥戰死濟南，以其子忙兀帶襲職。召雲頂山侍郎張威赴闕。

二月壬子朔，命河東宣慰司市馬百二十九匹，賜諸王八剌軍士之無馬者。甲寅，詔諸路官員子弟入質。以高麗不答詔書，詰其使者。以民杜了翁先朝舊功，復其家。庚申，賞萬戶怯來所部將士討李壇有功者銀二千七百五十兩。甲子，車駕幸開平。以王德素充國信使，劉公諒副之，使于宋，致書宋主，詰其稽留郝經之故。詔：「諸路置局造軍器，私造者處死；民間所有，不輸官者，與私造同。」

三月戊子，沂州胡節使、范同知陷于宋，命存恤其家。或言其嘗爲宋兵嚮導，乃分其妻孥資產，賜有功將士。辛卯，敕撒吉思招集益都逃民。命董文炳以所獲宋諜及俘八十一人赴隆興府。聽諸路獵戶及捕盜巡鹽者執弓矢。壬辰，遣扎馬剌丁和糴東京。己亥，諸路包銀以鈔輸納，其絲料入本色。非產絲之地，亦聽以鈔輸入。凡當差戶包銀鈔四兩，每十戶輸絲十四斤，漏籍老幼鈔三兩、絲一斤。庚子，亦黑迭兒丁請修瓊華島，不從。壬寅，闕東蒙古、漢軍官未經訓敕者，令各乘傳赴開平。癸卯，初建太廟。乙巳，賜迭怯那延等銀七千九十兩。命北京元帥阿海發漢軍二千人赴開平。己酉，高麗國王王禃遣其臣朱英亮入貢，上表謝恩。復立宿州。

夏四月庚戌朔，以漏籍戶一萬一千八百、附籍戶四千三百於各處起冶，歲課鐵四百八十萬七千斤。癸丑，選益都兵千人充武衞軍。甲寅，償河西阿沙賑贍所部貧民銀三千七百兩。己未，以完顏端田宅賜益都千戶傅國忠。國忠父天祐爲端所殺，故命以其田宅賜之。宣德至開平置驛。罷開元路宣慰司。〔一〇〕丙寅，西京武州隕霜殺稼。戊寅，召竇默、許衡乘驛赴開平。諸王阿只吉所部貧民遠徙者，賜以馬牛車幣。以東平爲軍行蹂踐，賑給之。改滄清深鹽提領所爲轉運司。王鶚請延訪太祖事蹟付史館。

五月癸未，詔北京運米五千石赴開平，其車牛之費並從官給。乙酉，初立樞密院，以皇子燕王守中書令，兼判樞密院事。戊子，陞開平府爲上都，其達魯花赤兀良吉爲上都路達魯花赤，〔一一〕總管董銓爲上都路總管兼開平府尹。辛卯，詔立燕京平準庫，以均平物價，通利鈔法。乙未，敕商州民就戍本州，毋禁弓矢。丙申，立上都馬、步驛。丁酉，以元帥楊大淵、張大悅復神山有功，降詔獎諭。戊戌，以禮部尚書馬月合乃兼領潁州、光化互市，及領已括戶三千，興煽鐵冶，歲輸鐵一百三萬七千斤，就鑄農器二十萬事，易粟四萬石輸官。河南隨處城邑市鐵之家，令仍舊鼓鑄。庚子，河南路總管劉克興矯制括戶，罷其職，籍家貲之半。陞上都路望雲縣爲雲州、松山縣爲松州。賞前討渾都海戰功，撒里都、闊闊出等鈔二千一百七十四錠、幣帛一千四百二十匹。

六月壬子，河間、益都、燕京、真定、東平諸路蝗。乙卯，以管民官兼統懷孟等軍俺撒戰歿汴梁，命其子忙兀帶爲萬戶，佩金符。戊午，賜線真田戶六百。己未，賜高麗國王王禃羊五百。癸酉，賜拜忽公主所部鈔千錠。立上都惠民藥局。建帝堯廟於平陽，仍賜田十五頃。以線真爲中書右丞相，塔察兒爲中書左丞相。

秋七月癸未，詔諸投下毋擅勾攝燕京路州縣官吏。乙酉，禁野狐嶺行營民，毋入南、北口縱畜牧，損踐桑稼。給公主拜忽銀五萬兩，合剌合納銀千兩。乙未，以故東平權萬戶呂義死王事，賜謚貞節。戊戌，詔弛河南沿邊軍器之禁。陞燕京屬縣安次爲東安州，固安爲固安州。河南統軍司言：「屯田民爲保甲丁壯射生軍，凡三千四百人，分戍沿邊州郡，乞蠲他徭。」從之。庚子，詔賜諸王爪都牛馬價銀六萬三千一百兩。壬寅，詔禁益都路探馬赤擾民。以成都經略司隸西川行院。禁蒙古、漢軍諸人煎、販私鹽。詔山東經略司徙膠、萊、莒、密之民及竈戶居內地。中書省臣以妨煮鹽爲言，遂令統軍司完復邊戍，居民竈戶毋徙。詔阿朮戒蒙古軍，不得以民田爲牧地。燕京、河間、開平、隆興四路屬縣雨雹害稼。

八月戊申朔，詔霍木海總管諸路驛，佩金符。辛亥，置元帥府于大理。詔東平、大名、河南宣慰司市馬千五百五十匹，給阿朮等軍。陞宣德州爲宣德府，隸上都。以淄、萊、登三州爲總管府，治淄州。命昔撒昔總制鬼國、大理兩路。兵部郎中劉芳前使大理，至吐蕃遇害，命恤其家。壬子，命中書省給北京、西京轉運司車牛價鈔。彰德路及洛、磁二州旱，免彰德今歲田租之半，洛、磁十之六。冀州蒙古百戶阿昔等犯鹽禁，沒入馬百二十餘匹，以給軍士之無馬者。甲寅，命成都路運米萬石餉潼川。給鈔付劉整市牛屯田。分劉元禮等軍戍潼川，命按敦將之。丙辰，詔以成都路綿州隸潼川。戊午，以阿脫、商挺行樞密院於成都，凡成都、順慶、潼川都元帥府並聽節制。庚申，以史天倪前爲武僊所殺，以武僊第賜其子楫。癸亥，敕京兆路給賜劉整第一區、田二十頃。以夢八剌所部貧乏，賜銀七千五百兩給之。甲子，以西涼經兵，居民困弊，給鈔賑之，仍免租賦三年。敕諸臣傳旨，有疑者須覆奏。丙寅，以諸王只必帖木兒部民困乏，賜銀二萬兩給之。壬申，復置急遞鋪。濱、棣二州蝗，眞定路旱。詔西涼流民復業者，復其家三年。車駕至自上都。

九月壬午，河南、大名兩道宣慰司所獲宋諜王立、張達、刁俊等十八人，遇赦釋免，給衣服遣還。乙酉，立漕運河渠司。己丑，賜諸王阿只吉所部種食、牛具。庚寅，諭高麗、上京等處毋重科斂民。招諭濟南、濱棣流民。遣使徵諸路賦稅錢帛。民間所賣布帛有疏薄狹短者，禁之。

冬十月戊午，初置隆興路驛。

十一月甲申，詔以歲不登，量減阿朮、怯烈各軍行餉；東平、大名等路旱，量減今歲田租。丙戌，享于太廟，以合丹、塔察兒、王（盤）〔磐〕、張文謙行事。高麗國王王禃以免置驛、籍民等事，遣其臣韓就奉表來謝，賜中統五年曆幷蜀錦一，仍命禃入朝。立御衣、尚食二局。

十二月丁未朔，以鳳翔屯軍、汪惟正青居等軍、刁國器平陽軍，令益都元帥欽察統之，戍虎嘯寨。甲戌，敕駙馬愛不花蒲萄戶依民例輸賦。也里可溫、答失蠻、僧、道種田入租，貿易輸稅。丙子，賜諸王金、銀、幣、帛如歲例。

是歲，天下戶一百五十七萬九千一百一十。賦，絲七十萬六千四百一斤，鈔四萬九千四百八十七錠。斷死罪七人。

至元元年春正月丁丑朔，高麗國王王禃遣使奉表來賀。壬午，敕諸路宣慰司，非奉旨無輒入覲。以千戶張好古歿王事，命其弟好義、好禮並襲職爲千戶。癸巳，以益都武衞軍千人屯田燕京，官給牛具。以鄧州保甲軍二千三百二十九戶隸統軍司。戊戌，楊大淵進花羅、紅邊絹各百五十段，優詔諭之。己亥，立諸路平準庫。癸卯，命諸王位下工匠已籍爲民者，並徵差賦；儒、釋、道、也里可溫、達失蠻等戶，舊免租稅，今並徵之；其蒙古、漢軍站戶所輸租減半。西北諸王率部民來歸。敕北京、西京宣慰司、隆興總管府和糴以備糧餉。築冷水河城，命千戶土虎等戍之。罷南邊互市。申嚴持軍器、販馬、越境私商之禁。

二月辛亥，賀福等六人告平陽、太原漏籍戶，詔賞以官，廷臣以非材對，給鈔與之。敕選儒士編修國史，譯寫經書，起館舍，給俸以贍之。壬子，修瓊花島。發北京都元帥阿海所領軍疏雙塔漕渠。甲寅，以故亳州千戶邸閭陷于宋，命其子榮祖襲職。丙辰，罷陝西行戶部。丁卯，太陰犯南斗。癸酉，車駕幸上都。詔諸路總管史權等二十三人赴上都大朝會。弛邊城軍器之禁。

三月庚辰，設周天醮于長春宮。己亥，命尙書宋子貞陳時事，子貞條具以聞，詔獎諭，命中書省議行之。辛丑，詔四川行院，命阿脫專掌軍政，其刑名錢穀商挺任之。立漕運司，以王光益爲使。

夏四月戊申，以彰德、洺磁路引漳、滏、洹水灌田，致御河淺澀，鹽運不通，塞分渠以復水勢。辛亥，太陰犯軒轅御女星。壬子，東平、太原、平陽旱，分遣西僧祈雨。(己)〔乙〕卯，〔三〕詔高麗國王王禃來朝上都，修世見之禮。辛酉，以四川茶、鹽、商、酒、竹課充軍糧。楊大淵以部將王仲得宋將昝萬壽書殺之，詔以其事未經鞫問，或墮宋人行間之計，豈宜輒施刑戮，詰責大淵，仍存恤仲家。御苑官南家帶請修駐蹕涼樓，幷廣牧地，詔涼樓俟農隙，牧地分給農之無田者。丁卯，追治李璮逆黨萬戶張邦直兄弟及姜郁、李在等二十七人罪。戊辰，給新附戍軍糧餉。高麗國王王禃遣其臣金祿來貢。〔三〕

五月乙亥，詔遣唆脫顏、郭守敬行視西夏河渠，俾具圖來上。庚辰，敕劍州守將分軍守劍門，置驛於人頭山。丙戌，太陰犯房。丁亥，釋宋私商五十七人，給糧遣歸其國。己丑，以平陰縣尹馬欽發私粟六百石贍饑民，又給民粟種四百餘石，詔獎諭，特賜西錦一端以旌其義。乙未，初置四川急遞鋪。丙申，賜諸王欽察銀萬兩，濟其所部貧乏者。己亥，太陰犯昴。以中書右丞粘合南合爲平章政事。卭部川六番安撫招討使都王明亞爲隣國建都所殺，敕其子伯佗襲職，賜金符。

六月乙巳，召王鶚、姚樞赴上都。宋制置夏貴率兵欲攻虎嘯山，敕以萬戶石抹紇札剌一軍益欽察戍之。戊申，高麗國王王禃來朝。

秋七月甲戌，彗星出輿鬼，昏見西北，貫上台，掃紫微、文昌及北斗，旦見東北，凡四十餘日。以阿合馬言，益解州鹽課，均賦諸色僧道軍匠等戶，其太原小鹽，聽從民便。癸未，改新鳳州爲徽州。以西番十八族部立安西州，行安撫司事。丁亥，諸王算吉所部營帳軍民被火，發粟賑之。庚寅，給諸王也速不花印。壬辰，特詔諭鞏昌路總帥汪惟正勞勉之，賜元寶交鈔三萬貫，仍戍青居。賜諸王玉龍答失印，仍以先朝獵戶賜之。丁酉，龍門禹廟成，命侍臣阿合脫因代祀。己亥，定用御寶制：凡宣命，一品、二品用玉，三品至五品用金，其文曰「皇帝行寶」者，卽位時所鑄，惟用之詔誥；別鑄宣命金寶行之。庚子，阿里不哥自昔木土之敗，不復能軍，至是與諸王玉龍答失、阿速帶、昔里給，其所謀臣不魯花、忽察、禿滿、阿里察、脫忽思等來歸。詔諸王皆太祖之裔，並釋不問，其謀臣不魯花等皆伏誅。

八月壬寅朔，陝西行省臣上言：「川蜀戍兵軍需，請令奧魯官徵入官庫，移文於近戍官司，依數取之。宋新附民宜撥地土衣糧，給其牛種，仍禁邊將分匿人口。商州險要，乞增戍兵。陝西獵戶移獵商州。河西、鳳翔屯田軍遷戍興元。四川各翼軍，有地者徵其稅，給無田者糧。」皆從之。甲辰，詔秦蜀行省發銀二十五萬兩給沿邊歲用。乙巳，立〔山東〕諸路行中書省，〔一四〕以中書左丞相耶律鑄、參知政事張惠等行省事。詔新立條格：省倂州縣，定官吏員數，分品從官職，給俸祿，頒公田，計月日以考殿最；均賦役，招流移；禁勿擅用官物，勿以官物進獻，勿借易官錢；勿擅科差役；凡軍馬不得停泊村坊，詞訟不得隔越陳訴；恤鰥寡，勸農桑，驗雨澤，平物價；具盜賊、囚徒起數，月申省部。又頒陝西四川、西夏中興、北京三處行中書條格。定立諸王使臣驛傳稅賦差發，不許擅招民戶，不得以銀與非投下人爲斡脫，禁口傳敕旨及追呼省臣官屬。詔：「蒙古戶種田，有馬牛羊之家，其糧住支；無田者仍給之。」庚戌，命燕王署敕、諸王設僚屬及說書官。諸站戶限田四頃免稅，供驛馬及祗應，命各路總管府兼領其事。癸丑，命僧子聰同議樞密院事。詔子聰復其姓劉氏，易名秉忠，拜太保，參領中書省事。乙卯，詔改燕京爲中都，其大興府仍舊。增都省參佐掾史月俸。丙辰，劉秉忠、王鶚、張文謙、商挺言，燕王既署相銜，宜於省中別置幕位，每月一再至，判署朝政。其說書官，皇子忙安以李(磐)〔槃〕爲之，〔三五〕南木合以高道爲之。丁巳，以改元大赦天下，詔曰：

應天者惟以至誠，拯民者莫如實惠。朕以菲德，獲承慶基，內難未戡，外兵未戢，夫豈一日，于今五年。賴天地之畀矜，暨祖宗之垂裕，凡我同氣，會於上都。雖此日之小康，敢朕心之少肆。

比者星芒示儆，雨澤愆常，皆闕政之所繇，顧斯民之何罪。宜布惟新之令，溥施在宥之仁。據不魯花、忽察、禿滿、阿里察、脫火思輩，構禍我家，照依太祖皇帝扎撒正典刑訖。可大赦天下，改中統五年爲至元元年。於戲！否往泰來，迓續亨嘉之會；鼎新革故，正資輔弼之良。咨爾臣民，體予至意！

戊午，給益都武衞軍千人冬衣。己未，鳳翔府龍泉寺僧超過等謀亂遇赦，沒其財，羈管京兆僧司；同謀蘇德，責令從軍自效。發萬戶石抹糺札剌所部千人赴商州屯田，亳州軍六百八人及河南府軍六十人助欽察戍青居。敕山東經略副使武秀選益都新軍千人充武衞軍，赴中都。城郯，以沂州監戰塔思、萬戶孟義所部兵戍之。太原路總管攸忙兀帶坐藏甲匿戶，罷職爲民。

九月壬申朔，立翰林國史院。以改元詔諭高麗國，并赦其境內。辛巳，車駕至自上都。庚寅，益都毛璋謀逆，二子及其黨崔成並伏誅，籍其家貲賜行省撒吉思。

冬十月壬寅朔，高麗國王王禃來朝。乙巳，禁上都畿內捕獵。庚戌，有事于太廟。壬子，恩州歷亭縣進嘉禾，一莖五穗。戊辰，改武衞軍爲侍衞親軍。

十一月丙子，詔宋人歸順及北人陷沒來歸者，皆月給糧食。辛巳，征骨嵬。先是，吉里迷內附，言其國東有骨嵬、亦里于兩部，歲來侵疆，故往征之。(乙)〔己〕丑，〔二六〕以至元二年曆日賜高麗國王王禃。禁登州、和州等處并女直人入高麗界剽掠。辛卯，召衞州太一五代度師李居(素)〔壽〕赴闕。〔二七〕壬辰，罷領中書左右部，併入中書省。以領中書省左右部兼諸路都轉運使、知太府監事阿合馬爲平章政事，領中書省左右部兼諸路都轉運使阿里爲中書右丞。丁酉，太原路臨州進嘉禾二莖。以元帥按敦、劉整、劉元禮、欽察等將士獲功，賞賚有差。

十二月乙巳，罷各投下達魯花赤，定中外百官儀從。丁未，敕遣宋諜者四人還其國。戊午，賞拔都軍人銀五十萬兩。甲子，太陰犯房。乙丑，以王鑑昔使大理沒於王事，其子天赦不能自存，優恤之。丁卯，敕鄧州沿邊增立茱萸、常平、建陵、季陽四堡。戊辰，命選善水者一人，沿黃河計水程達東勝可通漕運，馳驛以聞。庚午，詔罷樞密院斷事官及各路奥魯官，令總管府兼總押所。始罷諸侯世守，立遷轉法。

是歲，眞定、順天、洺、磁、順德、大名、東平、曹、濮州、泰安、高唐、濟州、博州、德州、濟南、濱、棣、淄、萊、河間大水。賜諸王金、銀、幣、帛如歲例。戶一百五十八萬八千一百九十五。斷死罪七十三人。

校勘記

〔一〕柴禎　按下文三月壬申條作「柴楨」，與王惲烏臺筆補乞尚書柴楨北還事狀符。疑「禎」當作「楨」。

〔二〕(瓜)〔爪〕都　據上文中統元年三月戊辰條、本書卷一一七別里古台傳及拉施特史集譯音改。蒙古語「爪」，意爲「百」，「都」意爲「有」。

〔三〕以興松雲三州隸上都　考異云：「案陞開平爲上都，在四年五月戊子；陞望雲縣爲雲州、松山縣爲松州，在四年五月庚子。不應此時先有上都及松、雲二州之名。據下文四月庚戌以望雲、松山、興州課程隸開平府，可證其時不稱上都也。」

〔四〕解成　見卷四校勘記〔一四〕。

〔五〕平(濼)〔灤〕　按本書卷九八兵志有「命阿海充都元帥，專於北京、東京、平灤、懿州、蓋州路管領見管軍人」，據改。

〔六〕〔打〕捕鷹坊　按「打捕鷹坊」爲元代捕獵戶，此處顯脫「打」字，今補。

〔七〕大梁府　按本書卷三憲宗紀八年十二月己亥條有「大良山守將蒲元圭降」，卷一二世祖紀至元十九年二月癸丑條有「大良平元帥蒲元圭遣其男世能入覲」。卷一六二李忽蘭吉傳作「大梁平」。疑此處「大梁府」當作「大良平」或「大梁平」。

〔八〕(右)〔左〕丞相忽魯不花　據本書卷一一二宰相年表改。按當時右丞相爲不花、史天澤。本證已校。

〔九〕(晉)〔縉〕山　見卷四校勘記〔一五〕。

〔一〇〕(咸)〔威〕寧　按威寧金置，屬撫州。本卷下文中統三年十一月戊申條有「陞撫州爲隆興府」，「割宣德之懷安、天成及威寧、高原隸焉」。又本書卷一四九劉伯林傳、卷一六六石抹狗狗傳皆作「威寧」。此處「威」誤爲「咸」，今改。元代陝西行省奉元路與湖廣行省武昌路均有咸寧縣，與此非一地。

〔一一〕(天順)〔順天〕　據本書卷五〇五行志改正。按元無「天順」建置。

〔一二〕韓（安世）〔世安〕　據上文二月甲辰、三月戊寅條及下文至元八年三月辛巳條改正。道光本已校。

〔一三〕（武寧）〔寧武〕軍　按下文癸丑條有「立小峪、蘆子、寧武軍、赤泥泉鐵冶四所」，據改正。寰宇通志卷八一有「寧武軍口」。道光本已校。

〔一四〕夔州路　按上文中統二年六月庚申條作「夔府路」，與王惲中堂事記符。此處「州」當作「府」。

〔一五〕邢洛等處漳滏（澧）〔灃〕河達泉　按澧河在湖南，與「邢、洛等處」無涉。寰宇通志卷五順德府云：「灃河，在任縣東十五里，上接南和縣，下流入眞定府隆平縣界。」「澧」誤，今改。類編已校。

〔一六〕三十萬〔石〕　按本書卷九六食貨志賑恤作「三萬石」，今據補「石」字。

〔一七〕大（明）〔名〕　據本卷上文二月癸丑條及本書卷九八兵志改。按元無「大明」建置。

〔一八〕王（盤）〔磐〕　從殿本改。按本書卷一六〇本傳作「磐」。下同。

〔一九〕（興隆）〔隆興〕路　據本書卷五八地理志改正。本證已校。

〔二〇〕罷開元路宣慰司　本證云：「案中統二年罷十路宣撫司，止存開元路。其改宣慰司則在至元十五年，此時不得有此稱。」

〔二一〕兀良吉　按下文至元七年七月乙丑條作「兀良吉帶」，此處當脫「帶」字。

〔二二〕（己）〔乙〕卯　按是月乙巳朔，無己卯日。此「己卯」在壬子初八日、辛酉十七日間，係乙卯十一日之誤，今改。

〔二三〕金祿　按高麗史卷二六元宗世家作「金祿延」，疑此處脫「延」字。

〔二四〕立〔山東〕諸路行中書省　據本書卷一四六耶律楚材傳附耶律鑄傳、卷一六七張惠傳補。蒙史已校。

〔二五〕李（磐）〔槃〕　按本書卷一二六廉希憲傳、卷一五六董文炳傳、卷一六三張德輝傳、卷一六四王構傳均作「李槃」，據改。

〔二六〕（乙）〔己〕丑　按是月壬申朔，無乙丑日。此「乙丑」在辛巳初十日、辛卯二十日間，係己丑十八日之誤，今改。

〔二七〕李居（素）〔壽〕　據後文至元十六年十月辛丑、十二月丁酉、十八年正月丁巳條及卷二〇二釋老傳改。按秋澗集卷四七李居壽行狀有「師姓李氏，諱居壽」。

元史卷六

本紀第六

世祖三

二年春正月辛未朔，日有食之。癸酉，山東廉訪使言：「眞定路總管張宏，前在濟南，乘變盜用官物。」詔以宏嘗告李璮反，免宏死罪，罷其職，徵贓物償官。邳州萬戶張邦直等違制販馬，並處死。敕徙鎭海、百（里八）〔八里〕、〔二〕謙謙州諸色匠戶於中都，給銀萬五千兩爲行費。又徙奴懷、忒木帶兒礮手人匠八百名赴中都，造船運糧。己卯，北京路行省給札剌赤戶東徙行糧萬石。以鄧州監戰訥懷、新舊軍萬戶董文炳並爲河南副統軍。甲申，詔申嚴越界販馬之禁，違者處死。乙酉，以河南北荒田分給蒙古軍耕種。戊子，諸王塔察兒使臣闊闊出至北京花道驛，手殺驛吏郝用、郭和尙，有旨徵鈔十錠給其主贖死。庚寅，城西番匣答路。癸巳，八東乞兒部牙西來朝，貢銀鼠皮二千，賜金、素幣各九、帛十有八。武城縣王

氏妻崔一產三男。丁酉，給親王玉龍答失部民糧二千石。高麗國王王禃遣其弟〔廣平〕公(珣)〔恂〕奉表來貢。〔三〕

二月辛丑朔，元帥按東與宋兵戰于釣魚山，敗之，獲戰艦百四十六艘。甲辰，初立宮闈局。戊申，賜親王兀魯帶河間王印，給所部米千石。丁巳，車駕幸上都。癸亥，并六部爲四，以麥朮丁爲吏禮部尚書，馬亨戶部尚書，嚴忠範兵刑部尚書，別魯丁工部尚書。禁山東東路私煎硝鹻。甲子，以蒙古人充各路達魯花赤，漢人充總管，回回人充同知，永爲定制。以同知東平路宣慰使寶合丁爲平章政事，山東廉訪使王晉爲參知政事。廉希憲、商挺罷。詔併諸王只必帖木兒所設管民官屬。詔諭總統所：「僧人通五大部經者爲中選，以有德業者爲州郡僧錄、判、正副都綱等官，仍於各路設三學講、三禪會。」

三月癸酉，骨嵬國人襲殺吉里迷部兵，敕以官粟及弓甲給之。丁亥，敕邊軍習水戰、屯田。誅宋諜李富住。乙未，罷南北互市，括民間南貨，官給其直。遼東饑，發粟萬石、鈔百錠賑之。

夏四月戊午，賜諸王合必赤、亦怯烈金、素幣各四，拜行金幣一。

五月壬午，賞萬戶晃里答兒所部征吐蕃功銀四百五十兩。戊子，禁北京、平灤等處人捕獵。庚寅，令：「軍中犯法，不得擅自誅戮，罪輕斷遣，重者聞奏。」敕上都商稅、酒醋諸課毋徵，其權鹽仍舊；諸人自願徙居永業者，復其家。詔西川、山東、南京等路戍邊軍屯田。

閏五月癸卯，升蓚縣爲景州。辛亥，檢覈諸王兀魯帶部民貧無孳畜者三萬七百二十四人，人月給米二斗五升，四閱月而止。丙辰，雅州碉門宣撫使請復碉門城邑，詔相度之。癸亥，移秦蜀行省於興元。丙寅，命四川行院分兵屯田。丁卯，分四親王南京屬州，鄭州隸合丹，鈞州隸明里，睢州隸孛羅赤，蔡州隸海都，他屬縣復還朝廷。以平章政事趙璧行省于南京、河南府、大名、順德、洺磁、彰德、懷孟等路，平章政事廉希憲行省事于東平、濟南、益都、淄萊等路，中書左丞姚樞行省事于西京、平陽、太原等路。詔：「諸路州府，若自古名郡，戶數繁庶，且當衝要者，不須改併。其戶不滿千者，可併則併之。各投下者，併入所隸州城。其散府州郡戶少者，不須更設錄事司及司候司。附郭縣止令州府官兼領。括諸路未占籍戶任差職者以聞。」

六月戊(申)[辰]朔，〔三〕新得州安撫向良言：「頃以全城內附，元領軍民流散南界者，多欲歸順，並乞招徠。」從之。又敕良以所領新降軍民移戍通江縣，行新得州事。辛未，賜阿朮所部馬價鈔一千二十三錠有奇。丙子，太陰犯心大星。戊寅，移山東統軍司於沂州。萬戶重喜立十字路。〔四〕復正陽，命禿剌戍之。己卯，以淇州隸懷孟路。高麗國王王禃遣其臣榮甪伯奉表來賀聖誕節。千戶闊闊出部民乏食，賜鈔賑之。王晉罷。樞密院臣言：「各路出征逃亡漢軍，及貧難未起戶，並投下隱匿事故者，宜一概發遣應役。」從之。敕行院及諸軍將校卒伍，須正身應役，違者罪之。

秋七月辛酉，益都大蝗饑，命減價糶官粟以賑。癸亥，安南國王陳光昞遣使奉表來貢。甲子，詔賜光昞至元三年曆。

八月丙子，濟南路鄒平縣進芝草一本。戊寅，高麗國王王禃遣使來貢方物。己卯，諸宰職皆罷，以安童爲中書右丞相，伯顏爲中書左丞相。戊子，召許衡於懷孟，楊誠於益都。車駕至自上都。

九月戊戌，以將有事太廟，取大樂工於東平，預習儀禮。敕江淮沿邊樹栅，徐、宿、邳三州助役徒。庚子，皇孫鐵穆爾生。丁巳，賞諸王只必帖木兒麾下河西戰功銀二百五十兩。

冬十月己卯，享于太廟。癸未，敕順天張柔、東平嚴忠濟、河間馬總管、濟南張林、太原石抹總管等戶，改隸民籍。統軍抄不花、萬戶懷都麾下軍士所俘宋人九十三口，官贖爲民。其私越禁界掠獲者四十五人，許令親屬完聚，並種田內地。戊子，詔隨路私商曾入南界者，首實免罪充軍。

十一月丙申，召李昶於東平。辛丑，賜諸王只必帖木兒銀二萬五千兩、鈔千錠。癸丑，賞楊文安戰功金五十兩，所部軍銀六百兩及幣帛有差。甲子，詔事故貧難軍不堪應役者，以兩戶或三戶合併正軍一名，其丁單力備者，許顧人應役。

十二月己巳，省併州縣凡二百二十餘所。庚午，宋子貞言：「朝省之政，不宜數行數改。又刑部所掌，事干人命，尙書嚴忠範年少，宜選老於刑名者爲之。」又請罷北京行中書省，別立宣慰司以控制東北州郡。並從之。禁朝省告訐以息爭訟。辛未，以諸王也速不花所部戍西蕃軍屢有戰功，賞銀三百兩。癸酉，召張德輝於眞定，徒單公履於衞州。丁丑，詔諭高麗，賜至元三年曆日。癸未，賜劉秉忠金五十兩。甲申，賜伯顏、宋子貞、楊誠銀千兩、鈔六十錠。丁亥，敕選諸翼軍富强才勇者萬人，充侍衞親軍。己丑，瀆山大玉海成，敕置廣寒殿。

是歲，戶一百五十九萬七千六百一，絲九十八萬六千二百八十八斤，包銀鈔五萬七千六百八十二錠。賜諸王金、銀、幣、帛如歲例。彰德、大名、南京、河南府、濟南、淄萊、太原、弘州雹，西京、北京、益都、眞定、東平、順德、河間、徐、宿、邳蝗旱，太原霜災。斷死罪四十二人。

三年春正月乙未〔朔〕，高麗國王王禃遣使來賀。丙午，遣朶端、趙璧持詔撫諭四川將吏軍民。壬子，立制國用使司，以阿合馬爲使。癸丑，選女直軍二千爲侍衞軍。四川行樞密院謀取嘉定，請益兵，命朶端、趙璧摘諸翼蒙古、漢軍六千人付之。

二月丙寅，廉希憲、宋子貞爲平章政事，張文謙復爲中書左丞，史天澤爲樞密副使。癸酉，立瀋州以處高麗降民。壬午，平陽路僧官以妖言惑衆伏誅。以中書右丞張易同知制國用使司事，參知政事張惠爲制國用副使。癸未，車駕幸上都。甲申，罷西夏行省，立宣慰司。初製太常禮樂工冠服。立東京、廣寧、懿州、開元、恤品、合懶、婆娑等路宣撫司。乙酉，蠲中都今年包銀四分之一。詔理斷阿朮部下所俘人口、畜牧及其草地爲民佞種者。以制國用使司條畫諭中外官吏。

三月辛巳，分衞輝路爲親王玉龍答失分地。戊戌，賑水達達民戶饑。己未，王晉及侍中和哲斯、濟南益都轉運使王明，以隱匿鹽課皆伏誅。

夏四月丁卯，五山珍御榻成，置瓊華島廣寒殿。亳州水軍千戶胡進等領騎兵渡淝水，逾荊山，與宋兵戰，殺獲甚衆，賞鈔幣有差。庚午，敕僧、道祈福於中都寺觀。詔以僧機爲總統，居慶壽寺。己卯，申嚴瀕海私鹽之禁。敕宮燭毋彩繪。

五月乙未，遣使諸路慮囚。庚子，敕太醫院領諸路醫戶、惠民藥局。辛丑，以黃金飾渾天儀。丙午，浚西夏中興漢延、唐來等渠。凡良田爲僧所據者，聽蒙古人分墾。丙辰，罷益都行省。蠲平灤、益都質子戶賦稅之半。

六月丁卯，封皇子南木合爲北平王，以印給之。辛未，徙歸化民於清州興濟縣屯田，官給牛具。壬申，賜劉整畿內地五十頃。癸酉，以千戶札剌兒沒于王事，賜其妻銀二百五十兩。丙子，立漕運司。戊寅，以陝西行省平章賽典赤等政事修治，賜銀五千兩。命山東統軍副使王仲仁督造戰船于汴。申嚴陝西、河南竹禁。立拱衞司。

秋七月丙申，罷息州安撫司。壬寅，詔上都路總管府，遇車駕巡幸，行留守司事，車駕還，卽復舊。丙午，遣使祠五嶽四瀆。甲寅，添內外巡兵。外路每百戶選中產者一人充之，其賦令餘戶代輸，在都增武衞軍四百。己未，以崞、代、堅、臺四州隸忻州。詔令西夏避亂之民還本籍；成都新民爲豪家所庇者皆歸之州縣。詔招集逃亡軍，限百日詣所屬陳首，原其罪，貧者併戶應役。

八月癸亥，賜丞相伯顏第一區。丁卯，以兵部侍郎黑的、禮部侍郎殷弘使日本，賜書曰：「皇帝奉書日本國王：朕惟自古小國之君，境土相接，尙務講信修睦，況我祖宗受天明命，奄有區夏，遐方異域畏威懷德者，不可悉數。朕卽位之初，以高麗無辜之民，久瘁鋒鏑，卽令罷兵，還其疆埸，反其旄倪。高麗君臣，感戴來朝，義雖君臣，而歡若父子。計王之君臣，亦已知之。高麗朕之東藩也。日本密邇高麗，開國以來，時通中國，至於朕躬，而無一乘之使以通和好。尙恐王國知之未審，故特遣使持書布告朕心，冀自今以往，通問結好，以相親睦。且聖人以四海爲家，不相通好，豈一家之理哉？以至用兵，夫孰所好，王其圖之。」又詔高麗導去使至其國。戊子，高麗國王王禃遣其大將軍朴琪來賀聖誕節。阿朮略地蘄、黄，俘獲以萬計。

九月戊午，車駕至自上都。

冬十月庚申朔，降德興府爲奉聖州。癸亥，高麗使還，以王禃病，詔和藥賜之。丁丑，徙平陽經籍所于京師。更敕牒舊式。太廟成，丞相安童、伯顏言：「祖宗世數、尊諡廟號、增祀四世、各廟神主、配享功臣、法服祭器等事，皆宜定議。」命平章政事趙璧等集羣臣議，定爲八室。申禁京畿畋獵。壬午，命制國用使司造神臂弓千張、矢六萬。

十一月辛卯，初給京、府、州、縣、司官吏俸及職田。戊戌，瀕御河立漕倉。丁未，申嚴殺牛馬之禁。宋子貞致仕。辛亥，以忽都答兒爲中書左丞相。詔禁天文、圖讖等書。丙辰，千戶散竹帶以嗜酒失所守大良平，罪當死，錄其前功免死，令往東川軍前自效。詔建都使復歸朝。又詔嘉定等府沿江一帶城堡早降。又詔四川行樞密院遣人告諭江、漢、庸、蜀等效順，具官吏姓名，對階換授，有功者遷，有才者用；民無生理者以衣糧賑之，願還內地者給以田廬，毋令失所。

十二月庚申，給諸王合必赤行軍印。辛酉，詔改四川行樞密院爲行中書省，以賽典赤、也速帶兒等僉行中書省事。甲子，立諸路洞冶所。以梁成生擒宋總轄官，授同知開州事，佩金符。減輝州竹課。先是官取十之六，至是減其二。丁亥，詔安肅公張柔、行工部尚書段天祐等同行工部事，修築宮城。併太府監入宣徽院，仍以宣徽使專領監事。詔賜高麗以至元四年曆日，仍慰諭之。建大安閣于上都。鑿金口，導盧溝水以漕西山木石。敕：「諸越界私商及諜人與僞造鈔者，送京師審覈。」

是歲，天下戶一百六十萬九千九百三。東平、濟南、益都、平灤、眞定、洛磁、順天、中都、河間、北京蝗，京兆、鳳翔旱。斷死罪九十六人。賜諸王金、銀、幣、帛如歲例。

四年春正月甲午，陝西行省以開州新得復失，請益兵，敕平陽、延安等處簽民兵三千人，山東、河南、懷孟、潼川調兵七千人益之。丁酉，申嚴平陽等處私鹽之禁。壬寅，立茶速禿水十四驛。癸卯，敕修曲阜宣聖廟。乙巳，百濟遣其臣梁浩來朝，賜以錦繡有差。禁僧官侵理民訟。辛亥，封安肅公張柔爲蔡國公。以趙璧爲樞密副使。立諸路洞冶都總管府。癸丑，敕封昔木土山爲武定山，其神曰武定公；泉爲靈淵，其神曰靈淵侯。簽蒙古軍，戶二丁三丁者出一人爲軍，四丁五丁者二人，六丁七丁者三人。乙卯，高麗國王王禃遣使來朝，詔撫慰之。戊午，立提點宮城所。析上都隆興府自爲一路，行總管府事。立開元等路轉運司。城大都。

二月庚申，粘合南合復平章事，阿里復爲中書右丞。丁卯，改經籍所爲弘文院，以馬天昭知院事。丁亥，括西夏民田，徵其租。車駕幸上都。詔陝西行省招諭宋人。又詔嘉定、瀘州、重慶、夔府、涪、達、忠、萬及釣魚、禮義、大良等處官吏軍民有能率衆來降者，優加賞擢。

三月己丑，復以耶律鑄爲中書左丞相。辛卯，自潼關至蘄縣立河渡官八員，以察姦僞。乙未，敕中都路建習樂堂，使樂工肄業其中。己亥，賜皇子燕王、忙阿剌、那沒罕、忽哥赤銀三萬兩。辛丑，夏津縣大雨雹。壬寅，安童言：「比者省官員數，平章、左丞各一員，今丞相五人，素無此例。臣等議擬設二丞相，臣等蒙古人三員，惟陛下所命。」詔以安童爲長，史天澤次之，其餘蒙古、漢人參用，勿令員數過多。又詔宜用老成人如姚樞等一二員同議省事。丁巳，耶律鑄制宮縣樂成，詔賜名大成。

夏四月甲子，新築宮城。辛未，遣使祀岳瀆。

五月丁亥朔，日有食之。敕上都重建孔子廟。乙未，應州大水。丙申，威州山後大番弄廝等十一族來附，賜以璽書、金銀符。己酉，以捕獵戶達魯花赤僞造銀符，處死。壬子，敕諸路官吏俸，令包銀民戶，每四兩增納一兩以給之。丙辰，析東平之博州五城別爲一路。

六月壬戌，以中都、順天、東平等處蠶災，免民戶絲料輕重有差。乙丑，復以史天澤爲中書左丞相，忽都答兒、耶律鑄並降平章政事，伯顏降中書右丞，廉希憲降中書左丞，阿里、張文謙並降參知政事。乙酉，賜諸王玉龍答失銀五千兩、幣三百，歲以爲常。罷宣徽院。黑的、殷弘以高麗使者宋君斐、金贊不能導達至日本來奏，降詔責高麗王王禃，仍令其遣官至彼宣布，以必得要領爲期。

秋七月丙戌朔，敕自中興路至西京之東勝立水驛十。戊戌，罷息州安撫岳林，以其民隸南京路。罷懷孟路安撫李宗傑，以其民隸本路。發鞏昌、鳳翔、京兆等處未占籍戶一千，修治四川山路、橋梁、棧道。大名路達魯花赤愛魯、總管張弘範等盜用官錢，罷之。壬寅，申嚴京畿牧地之禁。甲寅，詔亦即納新附貧民，從人借貸困不能償者，官爲償之，仍給牛具、種實及糧食。簽東京軍千八百人充侍衞軍。

八月庚申，塡星犯天罇。辛酉，申嚴平灤路私鹽酒醋之禁。丙寅，復立宣徽院，以前中書右丞相線眞爲使。丁丑，封皇子忽哥赤爲雲南王，賜駝鈕金鍍銀印。壬午，太白犯軒轅大星。命怯綿征建都。高麗國王王禃遣其祕書監郭汝弼來賀聖誕節。阿朮略地至襄陽，俘生口五萬、馬牛五千。宋人遣步騎來拒，阿朮率騎兵敗之。

九月壬辰，作玉殿于廣寒殿中。乙未，總帥汪良臣請立寨於母章德山，控扼江南，以當釣魚之衡，從之。戊申，以許衡爲國子祭酒。安南國王陳光昞遣使來貢，優詔答之。立大理等處行六部，以闊闊帶爲尚書兼雲南王傅，柴禎尚書兼府尉，〔五〕甯源侍郎兼司馬。庚戌，遣雲南王忽哥赤鎮大理、鄯闡、茶罕章、赤禿哥兒、金齒等處，詔撫諭吏民。又詔諭安南國，俾其君長來朝，子弟入質，編民出軍役、納賦稅，置達魯花赤統治之。癸丑，申嚴西夏中興等路僧尼、道士商稅、酒醋之禁。車駕至自上都。王鶚請立選舉法，有旨令議舉行，有司難之，事遂寢。

冬十月辛酉，制國用司言：「別怯赤山石絨織爲布，火不能然。」詔采之。壬戌，賜駙馬不花銀印。魚通嵓州等處達魯花赤李福招諭西番諸族酋長以其民入附，以阿奴版的哥等爲喝吾等處總管，並授璽書及金銀符。鐵旗城後番官官折蘭遣其子天郎持先受憲宗璽書、金符，乞改授新命，從之。甲子，歲星犯軒轅大星。辛未，太原進嘉禾二本，異畝同穎。甲戌，賑新附民陳忠等鈔。丁丑，制國用使司請量節經用，從之。庚辰，定品官子孫廕敍格。

十一月乙酉，享于太廟。戊戌，立新蔡縣，以忽察、李家奴統所部兵戍之。甲辰，立夔府路總帥府，戍開州。乙巳，塡星犯天罇距星。申嚴京畿畋獵之禁。南京宣慰劉整赴闕，〔六〕奏攻宋方略，宜先從事襄陽。

十二月甲戌，賞河南路統軍使訥懷所部將士戰功銀九千六百五十兩，鈔幣、鞍勒有差。

丙子，賑親王移相哥所部饑民。丁丑，給遼東新簽軍布六萬匹。己卯，立遼東路水驛七。賞元帥阿朮部下有功將士二千二十五人，銀五萬五千三百兩、金五十兩，及錦綵、鞍勒有差。庚辰，簽女直、水達達軍三千人。立諸位斡脫總管府。省平陽路岳陽、和(州)〔川〕二縣入冀氏，〔七〕復置霸州益津縣，省安西路櫟陽縣入臨潼。

是歲，天下戶口一百六十四萬四千三十。山東、河南北諸路蝗，順天束鹿縣旱，免其租。斷死罪一百十四人。賜諸王金、銀、幣、帛如歲例。

五年春正月甲午，太陰犯井。庚子，上都建城隍廟。辛丑，敕陝西五路四川行省造戰艦五百艘付劉整。高麗國王王禃遣其弟淐來朝。詔以禃飾辭見欺，面數其事於淐，切責之。復遣北京路總管于也孫脫、禮部郎中孟甲持詔往諭，令具表遣海陽公金俊、侍郎李藏用與去使同來以聞。庚戌，賜高麗國新曆。

閏月戊午，以陳、亳、潁、蔡等處屯田戶充軍。令益都漏籍戶四千淘金登州棲霞縣，每戶輸金歲四錢。

二月戊子，太陰犯天關。己丑，太陰犯井。給河南、山東貧乏軍士鈔。戊戌，改軍器局爲軍器監。辛丑，百戶渾都速駐營濟南路屬縣三年，脅取民飲食糧料當粟五千石，敕杖決之，仍償粟千石。析甘州路之肅州自爲一路。

三月丙寅，罷諸路四品以下子孫入質者。田禹妖言，敕減死流之遠方。禁民間兵器，犯者驗多寡定罪。甲子，敕怯綿率兵二千招諭建都。壬申，改母章德山爲定遠城，武磊山爲武勝軍。丁丑，敕阿里等詣軍前閱視軍籍。罷諸路女直、契丹、漢人爲達魯花赤者，回回、畏兀、乃蠻、唐兀人仍舊。

夏四月壬寅，遣使祀嶽瀆。

五月辛亥朔，以太醫院、拱衞司、教坊司及尚食、尚果、尚醞三局隸宣徽院。癸亥，都元帥百家奴拔宋嘉定五花、石城、白馬三寨。癸酉，賜諸王禾忽及八剌合幣帛六萬匹。

六月辛巳朔，濟南王保和以妖言惑衆，謀作亂，敕誅首惡五人，餘勿論。甲申，中山大雨雹。阿朮言：「所領者蒙古軍，若遇山水寨柵，非漢軍不可。宜令史樞率漢軍協力征進。」從之。戊申，東平等處蝗。己酉，封諸王習(怯)〔列〕吉爲河平王，〔六〕賜駝鈕金印。

秋七月辛亥，召翰林直學士高鳴，順州知州劉瑜，中都郝謙、李天輔、韓彥文、李祐赴上都。以山東統軍副使王仲仁戍眉州。壬子，詔陝西統軍司兼領軍民錢穀。罷各路奧魯官，令管民官兼領。癸丑，立御史臺，以右丞相塔察兒爲御史大夫，詔諭之曰：「臺官職在直言，朕或有未當，其極言無隱，毋憚他人，朕當爾主。」仍以詔諭天下。立高州北二驛。戊辰，罷西夏宣撫司。庚午，省諸路打捕鷹坊工匠洞冶總管府，令轉運司兼領之。丙子，立西夏惠民局。高麗國王王禃遣其臣崔東秀來言備兵一萬，造船千隻。詔遣都統領脫朶兒往閱之，就相視黑山日本道路，仍命耽羅別造船百艘以伺調用。詔四川行省賽典赤自利州還京兆。立東西二川統軍司，以劉整爲都元帥，與都元帥阿朮同議軍事。整至軍中，議築白河口、鹿門山，〔九〕遣使以聞，許之。罷軍中諸司參議。

八月乙酉，程思彬以投匿名書言斥乘輿，伏誅。己丑，亳州大水。庚子，敕京師瀕河立十倉。命忙古帶率兵六千征西番、建都。

九月癸丑，中都路水，免今年田租。罷中都路和顧所。丁巳，阿朮統兵圍樊城。敕長春宮修設金籙周天大醮七晝夜。建堯廟及后土太寧宮。庚申，賜安南國王陳光昞錦綉，及其諸臣有差。己丑，立河南屯田。命兵部侍郎黑的、禮部侍郎殷弘齎國書復使日本，仍詔高麗國遣人導送，期於必達，毋致如前稽阻。詔諭安南國陳光昞：「來奏稱占城、眞臘二寇侵擾，已命卿調兵與不干併力征討，今復命雲南王忽哥赤統兵南下，卿可遵前詔，遇有叛亂不庭爲邊寇者，發兵一同進討，降服者善爲撫綏。」車駕至自上都。益都路饑，以米三十一萬八千石賑之。復以史天澤爲樞密副使。

冬十月戊寅朔，日有食之。己卯，敕中書省、樞密院，凡有事與御史臺官同奏。立河南等路行中書省，以參知政事阿里行中書省事。庚辰，以御史中丞阿里爲參知政事。壬午，詔恤沿邊諸軍，其橫科差賦，責奧魯官償之。庚寅，敕從臣禿忽思等錄毛詩、孟子、論語。乙未，享于太廟。中書省臣言：「前代朝廷必有起居注，故善政嘉謨不致遺失。」卽以和禮霍孫、獨胡剌充翰林待制兼起居注。敕給黎、雅、嘉定新附民田。戊戌，宮城成。劉秉忠辭領中書省事，許之，爲太保如故。

十一月己酉，簽河南、山東邊城附籍諸色戶充軍。庚申，宋兵自襄陽來攻沿山諸寨，阿朮分諸軍禦之，斬獲甚衆，立功將士千三百四人。詔首立戰功生擒敵軍者，各賞銀五十兩，其餘賞賚有差。癸酉，御史臺臣言：「立臺數月，發擿甚多，追理侵欺糧粟近二十萬石，錢物稱是。」有詔褒諭。免南京、河南兩路來歲修築都城役夫。

十二月戊寅，以中都、濟南、益都、淄萊、河間、東平、南京、順天、順德、眞定、恩州、高唐、濟州、北京等處大水，免今年田租。敕二分、二至及聖誕節日，祭星于司天臺。詔諭四川行省沿邊屯戍軍士逃役者處死。復置乾州奉天縣，省好畤、永壽入焉。以鳳州隸興元路；德興府改奉聖州，隸宣德。

是歲，京兆大旱。天下戶一百六十五萬二百八十六。斷死罪六十九人。賜諸王金、銀、幣、帛如歲例。

六年春正月癸丑，高麗國王王禃遣使以誅權臣金（佼）〔俊〕來告，〔一〇〕賜曆日、西錦。立四道按察司。戊午，阿朮軍入宋境，至復州、德安府、荆山等處，俘萬人而還。庚申，以參知政事楊果爲懷孟路總管。甲戌，益都、淄萊大水，恩州饑，命賑之。敕史天澤與樞密副使駙馬忽剌出董師襄陽。〔一一〕

二月壬午，以立四道提刑按察司詔諭諸道。己丑，詔以新製蒙古字頒行天下。丙申，罷宣德府稅課所，以上都轉運司兼領。改河南、懷孟、順德三路稅課所爲轉運司。丁酉，簽民兵二萬赴襄陽。賑欠州人匠貧乏者米五千九百九十九石。敕：「鞍、靴、箭鏃等物，自今不得以黃金爲飾。」開元等路饑，減戶賦布二匹，秋稅減其半，水達達戶減青鼠二，其租稅被災者免徵。免單丁貧乏軍士一千九百餘戶爲民。癸卯，給河南行省鈔千錠犒軍。

三月甲寅，詔益都路簽軍萬人，人給鈔二十五貫。戊午，賑曹州饑。築堡鹿門山。

夏四月辛巳，製玉璽大小十紐。甲午，遣使祀岳瀆。大名等路饑，賑米十萬石。

五月丙午〔朔〕，東平路饑，賑米四萬一千三百餘石。辛酉，詔禁戍邊軍士牧踐屯田禾稼。

六月辛巳，以招討怯綿征建都敗績，又擅追唆火兒璽書、金符，處死。壬午，免益都新簽軍單丁者千六百二十一人爲民。丁亥，河南、河北、山東諸郡蝗。癸巳，敕：「眞定等路旱蝗，其代輸築城役夫戶賦悉免之。」丙申，高麗國王王禃遣其世子愖來朝，賜禃玉帶一，愖金五十兩，從官銀幣有差。壬寅，阿朮率兵萬五千人陁宋萬山、射垜岡、鬼門關樵蘇之路。癸卯，詔董文炳等率兵二萬二千人南征。東昌路饑，賑米二萬七千五百九十石。

秋七月丁巳，遣宋私商四十五人還其國。庚申，水軍千戶邢德立、張志等生擒宋荆鄂都統唐永堅，賞銀幣有差。辛酉，製太常寺祭服。壬戌，西京大雨雹。己巳，立諸路蒙古字學。癸酉，立國子學。詔遣官審理諸路寃滯，正犯死罪明白者，各正典刑，其雜犯死罪以下量斷遣之。又詔諭宋國官吏軍民，示以不欲用兵之意。復遣都統領脫朶兒、統領王(昌國)〔國昌〕等往高麗點閱所備兵船，〔二〕及相視躭羅等處道路。立西蜀四川監榷茶場使司。宋將夏貴率兵船三千至鹿門山，萬戶解汝楫、李庭率舟師敗之，俘殺二千餘人，獲戰艦五十艘。

八月己卯，立金州招討司。丙申，以沙、肅州鈔法未行，降詔諭之。詔諸路勸課農桑。命中書省采農桑事，列爲條目，仍令提刑按察司與州縣官相風土之所宜，講究可否，別頒行之。高麗國世子愖奏，其國臣僚擅廢國王王禃，立其弟安慶公淐。詔遣斡朶思不花、李諤等往其國詳問，條具以聞。

九月癸丑，恩州進嘉禾，一莖三穗。戊午，敕民間貸錢取息，雖踰限止償一本息。己未，授高麗世子王愖特進上柱國、東安公。壬戌，豐州、雲內、東勝旱，免其租賦。戊辰，敕高麗世子愖率兵三千赴其國難，愖辭東安公，乃授特進上柱國。辛未，敕管軍萬戶宋仲義征高麗。以忽剌出、史天澤並平章政事，阿里中書右丞，行河南等路中書省事，賽典赤行陝西五路西蜀四川中書省事。車駕至自上都。斡朶思不花、李諤以高麗刑部尙書金方慶至，奉權國王淐表，訴國王禃遘疾，令弟淐權國事。

冬十月己卯，定朝儀服色。壬午，陞高唐、冠氏並爲州。丁亥，廣平路旱，免租賦。詔遣兵部侍郎黑的、淄萊路總管府判官徐世雄，召高麗國王王禃、王弟淐及權臣林衍俱赴闕。命國王頭輦哥以兵壓其境，趙璧行中書省于東京。仍降詔諭高麗國軍民。庚子，太陰犯辰星。宋遣人餽鹽、糧入襄陽，我軍獲之。賜諸王奧魯赤駝鈕金鍍銀印。

十一月癸卯，高麗都統領崔坦等，以林衍作亂，挈西京五十餘城來附。丁未，簽王綧、洪茶丘軍三千人往定高麗。高麗西京都統李延齡乞益兵，遣忙哥都率兵二千赴之。庚午，敕：「諸路鰥寡廢疾之人，月給米二斗。」安南國王陳光昞遣使來貢。濟南饑，以米十二萬八千九百石賑之。高麗國王王禃遣其尙書禮部侍郎朴㷜從黑的入朝，表稱受詔已復位，尋當入覲。築新城于漢江西。

十二月戊子，築東安渾河堤。己丑，作佛事于太廟七晝夜。高唐、固安二州饑，以米二萬六百石賑之。析彰德、懷孟、衞輝爲三路，陞林慮縣爲林州，改楨州復爲韓城縣，併省馮翊等州縣十所，以懿州、廣寧等府隸東京。

是歲，天下戶一百六十八萬四千一百五十七。賜諸王金、銀、幣、帛如歲例。斷死罪四十二人。

校勘記

〔一〕百（里八）〔八里〕　據元文類卷四二經世大典序錄玉工所見之「白八里」改。按「百八里」即「白八里」，突厥語，漢譯「富貴城」。

〔二〕高麗國王王禃遣其弟（廣平）公（珣）〔恂〕奉表來貢　據高麗史卷二六元宗世家元宗六年正月乙未條、卷九一宗室傳補改。

〔三〕六月戊（申）〔辰〕朔　按是月戊辰朔，「申」誤，今改。類編已校。

〔四〕立十字路　按本書卷一二三塔不已兒傳、卷一三三重喜傳皆作「築十字路城」，此處「路」下疑脫「城」字。

〔五〕柴禎　見卷五校勘記〔一〕。

〔六〕南京宣慰劉整　按本書卷一六一劉整傳，「宣慰」當作「宣撫」。本證已校。

〔七〕和（州）〔川〕 據本書卷五八地理志改。類編已校。

〔八〕封諸王習（怯）〔列〕吉爲河平王 按此名本書有「失列及」、「失列吉」、「失里吉」、「失烈吉」、「昔里給」、「昔烈吉」、「昔列吉」、「昔里吉」等異譯，「怯」誤，今依韻改作「列」。

〔九〕議築白河口鹿門山 按本書卷一六一劉整傳，「築」下當有「城」字。

〔一〇〕金（佼）〔俊〕 按上文至元五年正月辛丑條及本書卷二〇八高麗傳作「金俊」，據改。道光本已校。

〔一一〕敕史天澤與樞密副使駙馬忽剌出董師襄陽 按史天澤曾於至元三年二月爲樞密副使，五年九月復爲樞密副使，而駙馬忽剌出則未見任此官職。新元史作「樞密副使史天澤、駙馬忽剌出」，疑是。

〔一二〕王（昌國）〔國昌〕 本書卷二〇八高麗傳有「帝遣明威將軍都統領脫朶兒、武德將軍統領王國昌、武略將軍副統領劉傑相視耽羅等處道路」，與高麗史卷二六元宗世家所載相符，據改正。按本書卷一六七有王國昌傳。

元史卷七

本紀第七

世祖四

七年春正月辛丑朔，高麗國王王禃遣使來賀。丙午，耶律鑄、廉希憲罷。立尚書省，罷制國用使司。以平章政事忽都答兒爲中書左丞相，國子祭酒許衡爲中書左丞，制國用使阿合馬平章尚書省事，同知制國用使司事張易同平章尚書省事，制國用使司副使張惠、僉制國用使司事李堯咨、麥朮丁並參知尚書省事。己酉，太陰犯畢。敕諸投下官隸中書省。壬子，敕驛券無印者不許乘傳。甲寅，高麗國王王禃遣使來言：「比奉詔臣已復位，今從七百人入覲。」詔令從四百人來，餘留之西京。詔高麗西京內屬，改東寧府，畫慈悲嶺爲界。丁巳，以蒙哥〔都〕爲安撫高麗使，〔一〕佩虎符，率兵戍其西境。戊午，均、房州總管孫嗣擒宋統制朱興祖等。丙寅，賑兀魯吾民戶鈔。丁卯，定省、院、臺文移體式。

二月辛未朔，以前中書右丞相伯顏爲樞密副使。〔二〕甲戌，築昭應宮于高梁河。丙子，帝御行宮，觀劉秉忠、孛羅、許衡及太常卿徐世隆所起朝儀，大悅，舉酒賜之。丁丑，以歲饑罷修築宮城役夫。甲申，置尙書省署。乙酉，立紙甲局。申嚴畜牧損壞禾稼桑果之禁。壬辰，立司農司，以參知政事張文謙爲卿，設四道巡行勸農司。乙未，宋襄陽出步騎萬餘人、兵船百餘艘，來趨萬山堡，萬戶張弘範、千戶脫脫擊却敗之。事聞，各賜金紋綾有差。高麗國王王禃來朝，求見皇子燕王，詔曰：「汝一國主也，見朕足矣。」禃請以子愖見，從之。詔諭禃曰：「汝內附在後，故班諸王下。我太祖時亦都護先附，卽令齒諸王上，阿思蘭後附，故班其下，卿宜知之。」又詔令國王頭輦哥等舉軍入高麗舊京，以脫〔脫〕朶兒、〔三〕焦天翼爲其國達魯花赤，護送禃還國。仍下詔：「林衍廢立，罪不可赦。安慶公淐，本非得已，在所寬宥。有能執送衍者，雖舊在其黨，亦必重增官秩。」世子愖奏乞隨朝及尙主，不許，命隨其父還國。

三月庚子朔，日有食之。改河南等路，及陝西五路西蜀四川、東京等路行中書省爲行尙書省。尙書省臣言：「河西和糴，應僧人、豪官、富民一例行之。」制可。甲寅，車駕幸上都。丙辰，浚武〔淸〕縣御河。〔四〕丁巳，定醫官品從。戊午，益都、登、萊蝗旱，詔減其今年包銀之半。阿朮與劉整言：「圍守襄陽，必當以敎水軍、造戰艦爲先務。」詔許之。敎水軍七萬餘人，造戰艦五千艘。

夏四月壬午，檀州隕黑霜三夕。設諸路蒙古字學教授。敕：「諸路達魯花赤子弟廕敍充散府諸州達魯花赤，其散府諸州子弟充諸縣達魯花赤，諸縣子弟充巡檢。」改御史臺典事爲都事。癸未，定軍官等級，萬戶、總管、千戶、百戶、總把以軍士爲差。己丑，省終南縣入盩厔，復眞定贊皇縣、太原樂平縣。高麗行省遣使來言：「權臣林衍死，其子惟茂擅襲令公位，爲尚書宋宗禮所殺。〔五〕島中民皆出降，已遷之舊京。衍黨裴仲孫等復集餘衆，立禃庶族承化侯爲王，竄入珍島。」

五月辛丑，懷州河內縣大雨雹。癸卯，陝西僉省也速帶兒、嚴忠範與東西川統軍司率兵及宋兵戰于嘉定、重慶、釣魚山、馬湖江，皆敗之，拔三寨，擒都統牛宣，俘獲人民及馬牛戰艦無算。甲辰，威州汝鳳川番族八千戶內附，其酋長來朝，授宣命，賜金符。丁未，東京路饑，兼運糧造船勞役，免今年絲銀十之三。以同知樞密院事合答爲平章政事。乙卯，復平灤路撫寧縣，以海山、昌黎入之。丙辰，括天下戶。尚書省臣言：「諸路課程，歲銀五萬錠，恐疲民力，宜減十分之一。運司官吏俸祿，宜與民官同，其院務官量給工食，仍禁所司多取於民，歲終，較其增損而加黜陟。上都地里遙遠，商旅往來不易，特免收稅以優之，惟市易莊宅、奴婢、孳畜，例收契本工墨之費。管民官遷轉，以三十月爲一考，數於變易，人心苟且，自今請以六十月遷轉。諸王遣使取索諸物及鋪馬等事，自今並以文移，毋得口傳敎令。」並從之。改宣徽院爲光祿司，秩正三品，以宣徽使線眞爲光祿使。庚申，命樞密院閱實軍數。壬戌，東平府進瑞麥，一莖二穗、三穗、五穗者各一本。省中都打捕鷹坊總管府入工部。大名、東平等路桑蠶皆災，南京、河南等路蝗，減今年銀絲十之三。

六月丙子，敕西夏中興市馬五百匹。庚辰，敕：「戍軍還，有乏食及病者，令所過州城村坊主者給飲食醫藥。」丁亥，罷各路洞冶總管府，以轉運司兼領。徙謙州甲匠于松山，給牛具。賜皇子南木合馬六千、牛三千、羊一萬。賜北邊戍軍馬二萬、牛一千、羊五萬。丙申，立籍田大都東南郊。禁民擅入宋境剽掠。

秋七月辛丑，設上林署。乙卯，賜諸王拜答寒印及海青、金符二。庚申，初給軍官俸。壬戌，簽諸道回回軍。乙丑，閱實諸路礮手戶。都元帥也速帶兒等略地光州，敗宋兵于金剛臺。以遼東開元等路總管府兼本路轉運司事。山東諸路旱蝗。免軍戶田租，戍邊者給糧。命達魯花赤兀良吉帶給上都扈從畋獵糧。

八月戊辰朔，築環城以逼襄陽。己巳，賑應昌府饑。諸王拜答寒部曲告饑，命有車馬者徙居黃忽兒玉良之地，計口給糧，無車馬者就食肅、沙、甘州。戊寅，隆興府總管昔剌斡脫以盜用官錢罷。庚辰，以御史大夫塔察兒同知樞密院事，御史中丞帖只爲御史大夫。高麗世子王愖來賀聖誕節。辛巳，設應昌府官吏。辛卯，保定路霖雨傷禾稼。

九月庚子，敕僧、道、也里可溫有家室不持戒律者，占籍爲民。丁巳，太陰犯井。丙寅，括河西戶口，定田稅。宋將范文虎以兵船二千艘來援襄陽，阿朮、合答、劉整率兵逆戰于灌子灘，殺掠千餘人，獲船三十艘，文虎引退。西京饑，敕諸王阿只吉所部就食太原。山東饑，敕益都、濟南酒稅以十之二收糧。

冬十月戊辰朔，敕兩省以已奏事報御史臺。庚午，太白犯右執法。癸酉，敕宗廟祭祀祝文，書以國字。乙亥，宋人攻莒州。乙酉，享于太廟。丁亥，以南京、河南兩路旱蝗，減今年差賦十之六。發清、滄鹽二十四萬斤，轉南京米十萬石，並給襄陽軍。己丑，敕來年太廟牲牢，勿用豢豕，以野豕代之，時果勿市，取之內園。車駕至自上都。降興中府爲州。賑山東淄萊路饑。

十一月壬寅，熒惑犯太微西垣上將。壬子，河西諸郡諸王頓舍，僧、民協力供給。丁巳，敕益兵二千，合前所發軍爲六千，屯田高麗，以忻都及前左壁總帥史樞，並爲高麗金州等處經略使，佩虎符，領屯田事，仍詔諭高麗國王立侍儀司。安南國王陳光昞遣使來貢，優詔答之。復賑淄萊路饑。

閏月丁卯朔，高麗世子王愖還，賜王禃至元八年曆。戊辰，禁繒段織日月龍虎，及以龍犀飾馬鞍者。己巳，給河西行省鈔萬錠，以充歲費。以義州隸婆娑府。癸未，詔諭西夏提刑按察司管民官，禁僧徒冒據民田。壬辰，申明勸課農桑賞罰之法。詔設諸路脫脫禾孫。

十二月丙申朔，改司農司爲大司農司，添設巡行勸農使、副各四員，以御史中丞孛羅兼大司農卿。安童言孛羅以臺臣兼領，前無此例。有旨：「司農非細事，朕深諭此，其令孛羅總之。」命陝西等路宣撫使趙良弼爲祕書監，充國信使，使日本。敕歲祀太社、太稷、風師、雨師、雷師。戊戌，徙懷孟新民千八百餘戶居河西。壬寅，陞御史大夫秩正一品。降河南韶州爲澠池縣。宋重慶制置朱禩孫遣諜者持書榜來誘安撫張大悅等，大悅不發封，併諜者送致東川統軍司。丁未，金齒、驃國三部酋長阿匿福、勒丁、阿匿爪來內附，獻馴象三、馬十九匹。己酉，魚通路知府高曳失獲宋諜者，詔賞之。辛酉，以都水監隸大司農司。以諸王伯忽兒爲札魯忽赤之長。建大護國仁王寺于高良河。敕更定僧服色。

是歲，天下戶一百九十三萬九千四百四十九。賜先朝后妃及諸王金、銀、幣、帛如歲例。斷死刑四十四人。

八年春正月乙丑朔，高麗國王王禃遣其祕書監朴恒、郎將崔有渰來賀，兼奉歲貢。丙寅，太陰犯畢。己卯，以同僉河南等路行中書省事阿里海牙參知尚書省事。中書省臣言：「前有旨令臣與樞密院、御史臺議河南行省阿里伯等所置南陽等處屯田，臣等以爲凡屯田人戶，皆內地中產之民，遠徙失業，宜還之本籍。其南京、南陽、歸德等民賦，自今悉折輸米糧，貯於便近地，以給襄陽軍食。前所屯田，阿里伯自以無效引伏，宜令州郡募民耕佃。」從之。史天澤告老，不允。敕：「前築都城，徙居民三百八十二戶，計其直償之。」設樞密院斷事官。遣兀都蠻率蒙古軍鎮西方當當。丙戌，高麗安撫阿海略地珍島，與逆黨遇，多所亡失。中書省臣言：「諜知珍島餘糧將竭，宜乘弱攻之。」詔不許，令巡視險要，常爲之備。丁亥，管如仁、費正寅以國機事爲書，謀遣崔繼春、賈靠山、路坤入宋，事覺窮治，正寅、如仁、繼春皆正典刑，靠山、坤並流遠方。壬辰，敕：「諸路鰥寡孤獨疾病不能自存者，官給廬舍、薪米。」高麗國王王禃遣使奉表，爲世子愖請昏。詔禁邊將受賂放軍及科斂。賑北京、益都饑。

二月乙未朔，定民間婚聘禮幣，貴賤有差。丁酉，發中都、眞定、順天、河間、平灤民二萬八千餘人築宮城。己亥，罷諸路轉運司入總管府。以尙書省奏定條畫頒天下。移陝蜀行中書省于興元。〔六〕癸卯，四川行省也速帶兒言：「比因饑饉，盜賊滋多，宜加顯戮。」詔令羣臣議，安童以爲：「強竊盜賊，一皆處死，恐非所宜。罪至死者，仍舊待命。」以中書左丞、東京等路行尙書省事趙璧爲中書右丞。甲辰，添設監察御史六員。命忽都答兒持詔招諭高麗林衍餘黨裴仲孫。乙巳，大理等處宣慰都元帥寶合丁、王傅闊闊帶等，協謀毒殺雲南王，火你赤、曹楨發其事，賽合丁、闊闊帶及阿老瓦丁、亦速夫並伏誅，賞楨、火你赤及證左人金銀有差。以沙州、瓜州鷹坊三百人充軍。戊申，詔以治事日程諭中外官吏。敕往畏吾兒地市米萬石。庚戌，申嚴東川井鹽之禁。己未，敕軍官佩金銀符，其民官、工匠所佩者，並拘入，勿復給。敕海青符用太祖皇帝御署。庚申，奉御九住舊以梳櫛奉太祖，奉所落鬚髮束上，詔櫝之，藏于太廟夾室。辛酉，敕：「凡訟而自匿及誣告人罪者，以其罪罪之。」分歸德爲散府，割宿、亳、邳、徐等州隸之。升申州爲南陽府，割唐、鄧、裕、嵩、汝等隸之。賑西京饑。

三月乙丑，增(治)〔置〕河東山西道按察司；〔七〕改河東陝西道爲陝西四川道，山北東西道爲山北遼東道。甲戌，敕：「元正、聖節、朝會，凡百官表章、外國進獻、使臣陛見、朝辭禮儀，皆隸侍儀司。」丙子，改山東、河間、陝西三路鹽課都轉運司爲都轉運鹽使司。己卯，中書省臣言：「高麗叛臣裴仲孫乞諸軍退屯，然後內附；而忻都未從其請，今願得全羅道以居，直隸朝廷。」詔以其飾詞遷延歲月，不允。辛巳，復立夏邑縣，以碭山入焉。省穀熟入睢陽。濱棣萬戶韓世安，坐私儲糧食、燒毀軍器、詐乘驛馬及擅請諸王塔察兒益都四縣分地等事，有司屢以爲言，詔誅之，仍籍其家。甲申，車駕幸上都。乙酉，許衡以老疾辭中書機務，除集賢大學士、國子祭酒，衡納還舊俸，詔別以新俸給之。命設國子學，增置司業、博士、助教各一員，選隨朝百官近侍蒙古、漢人子孫及俊秀者充生徒。丁亥，熒惑犯太微西垣上將。己丑，立西夏中興等路行尚書省，以趁海參知行尚書省事。命尚書省閱實天下戶口，頒條畫，諭天下。賑益都等路饑。敕：「有司毋留獄滯訟，以致越訴，違者官民皆罪之。」制封皇子燕王乳母趙氏豳國夫人，夫鞏德祿追封德育公。

夏四月壬寅，高麗鳳州經略司忻都言：「叛臣裴仲孫，稽留使命，負固不服，乞與忽林赤、王國昌分道進討。」從之。平灤路昌黎縣民生子，中夜有光，詔加鞠養。或以為非宜，帝曰：「何幸生一好人，毋生嫉心也。」命高麗簽軍征珍島。癸卯，給河南行中書省歲用銀五十萬兩，仍敕襄樊軍士自今人月給米四斗。甲辰，簽壯丁備宋。戊午，阿朮率萬戶阿剌罕等與宋將范文虎等戰于湍灘，敗之，獲統制朱勝等百餘人，奪其軍器，賞阿朮、阿剌罕等金帛有差。以至元七年諸路災，蠲今歲絲料輕重有差。

五月乙丑，以東道兵圍守襄陽，命賽典赤、鄭鼎提兵，水陸並進，以趨嘉定，汪良臣、彭天祥出重慶，札剌不花出瀘州，曲立吉思出汝州，以牽制之。改僉省也速帶兒、鄭鼎軍前行尚書事，賽典赤行省事于興元，轉給軍糧。丙寅，牢魚國來貢。己巳，修佛事于瓊華島。辛未，分大理國三十七部為三路，以大理八部蠻酋新附，降詔撫諭。壬申，造內外儀仗。丁丑，賑蔚州饑。己卯，命史天澤平章軍國重事。陞太府監為正三品。忻都、史樞表言珍島賊徒敗散，餘黨竄入躭羅。辛巳，賜河西行省金符、銀海青符各一。令蒙古官子弟好學者，兼習算術。癸未，升濟州爲濟寧府。以玉宸院隸宣徽院。高麗國王王禃遣使貢方物。

六月甲午，敕樞密院：「凡軍事徑奏，不必經由尙書省，其干錢糧者議之。」上都、中都、河間、濟南、淄萊、眞定、衞輝、洛磁、順德、大名、河南、南京、彰德、益都、順天、懷孟、平陽、歸德諸州縣蝗。癸卯，宋將范文虎率蘇劉義、夏松等舟師十萬援襄陽，阿朮率諸將迎擊，奪其戰船百餘艘，敵敗走。平章合答又遣萬戶解汝楫等邀擊，擒其總管朱日新、鄭皐，大破之。辛亥，敕：「凡管民官所領錢穀公事，並俟年終考較。」乙卯，招集河西、斡端、昂吉呵等處居民。己未，山東統軍司塔出、董文炳偵知宋人欲據五河口，請築城守之。既而坐失事機，宋兵已樹柵其地。事聞，敕決罰塔出、文炳等有差。遼州和順縣、解州聞喜縣虸蚄生。

秋七月壬戌朔，尙書省請增太原鹽課，歲以鈔千錠爲額，仍令本路兼領，從之。設回回司天臺官屬，以札馬剌丁爲提點。簽女直、水達達軍。以鄭元領祠祭岳瀆，授司禋大夫。丁卯，南人李忠進言，運山侍郎張大悅嘗與宋交通，以其事無實，詔諭大悅：「宋善用間，朕不輕信，毋懷疑懼。」以國王頭輦哥行尙書省于北京、遼東等路。辛未，置左、右、中三衞親軍都指揮使司。乙亥，鞏昌、臨洮、平涼府、會、蘭等州隕霜殺禾。乙酉，宋將來興國攻百丈山營，阿朮擊破之，追至湍灘，斬首二千餘級。高麗世子王愖入質，珍島脅從民戶來降。

八月壬辰朔，日有食之。癸巳，敕：「軍站戶地四頃以上，依例輸租。」己亥，詔招諭宋襄陽守臣呂文煥。壬子，車駕至自上都。遷成都統軍司於眉州。己未，聖誕節，初立內外仗及雲和署樂位。東川統（兵）〔軍〕司引兵攻宋銅鈸寨，〔八〕守寨總管李慶等降，以慶知梁山軍事。

九月壬戌朔，敕都元帥阿朮以所部兵略地漢南。癸亥，高麗世子王愖辭歸，賜國王王禃西錦，優詔諭之。甲子，賜劉整鈔五百錠、鄧州田五百頃，整辭，改賜民田三百戶，科調如故。給河南行省歲用鈔二萬八千六百錠。丙寅，罷陝西五路西蜀四川行尚書省，以也速答兒行四川尚書省事于興元，京兆等路直隸尚書省。敗宋軍于渦河。戊辰，陞成都府德陽縣爲德州，降虢州爲虢略縣。壬申，選冑子脫脫木兒等十人肄業國學。癸酉，益都府濟州進芝二本。甲戌，簽西夏回回軍。太廟殿柱朽壞，監察御史劾都水劉晸監造不敬，晸以憂卒。張易請先期告廟，然後完葺，從之。丙子，敕今歲享太廟毋用犧牛。太陰犯畢。庚辰，右衞親軍都指揮使忽都等言：「五河城堡已成，唯廬舍未完，凡材甓皆出宋境，請率精兵分道抄掠。」從之。壬午，山東路統軍司言宋兵攻膠州，千戶蔣德等逆戰敗之，俘統制范廣等五十餘人，獲戰船百艘。癸未，詔忙安倉失陷米五千餘石，特免徵，仍禁諸王非理需索。詔以四川民力困弊，免茶鹽等課稅，以軍民田租給沿邊軍食。仍敕：「有司自今有言茶鹽之利者，以違制論。」

冬十月癸巳，大司農臣言：「高唐州達魯花赤忽都納、州尹張廷瑞、同知陳思濟勸課有效，河南府陝縣尹王仔怠於勸課，宜加黜陟，以示勸懲。」從之。丁酉，享于太廟。己未，檀、順等州風潦害稼。賜高麗至元九年曆。

十一月辛酉朔，敕品官子孫儤直。敕遣阿魯忒兒等撫治大理。壬戌，罷諸路交鈔都提舉司。乙亥，劉秉忠及王磐、徒單公履等言：「元正、朝會、聖節、詔赦及百官宣敕，具公服迎拜行禮。」從之。禁行金泰和律。建國號曰大元，詔曰：

誕膺景命，奄四海以宅尊；必有美名，紹百王而紀統。肇從隆古，匪獨我家。且唐之爲言蕩也，堯以之而著稱；虞之爲言樂也，舜因之而作號。馴至禹興而湯造，互名夏大以殷中。世降以還，事殊非古。雖乘時而有國，不以〔利〕〔義〕而制稱。〔九〕爲秦爲漢者，著從初起之地名；曰隋曰唐者，因即所封之爵邑。是皆徇百姓見聞之狃習，要一時經制之權宜，概以至公，不無少貶。

我太祖聖武皇帝，握乾符而起朔土，以神武而膺帝圖，四震天聲，大恢土宇，輿圖之廣，歷古所無。頃者，耆宿詣庭，奏章申請，謂既成於大業，宜早定於鴻名。在古制以當然，於朕心乎何有。可建國號曰大元，蓋取易經「乾元」之義。茲大冶流形于庶品，孰名資始之功；予一人底寧于萬邦，尤切體仁之要。事從因革，道協天人。於戲！稱義而名，固匪爲之溢美；孚休惟永，尚不負於投艱。嘉與敷天，共隆大號。

丙戌，置四川省於成都。上都萬安閣成。

十二月辛卯朔，詔天下興起國字學。宣徽院請以闌遺、漏籍等戶淘金，帝曰：「姑止，毋重勞吾民也。」乙巳，減百官俸。括西夏田。召塔出、董文炳赴闕。辛亥，併太常寺入翰林院，宮殿府入少府監。甲寅，詔尚書省遷入中書省。

是歲，天下戶一百九十四萬六千二百七十。賜先朝后妃及諸王金、銀、幣、帛如歲例，賜囊家等羊馬價鈔萬千一百六十七錠。斷死罪一百五人。

九年春正月庚申朔，高麗國王王禃遣其臣禮賓卿宣文烈來賀，兼奉歲貢。甲子，併尚書省入中書省，平章尚書省事阿合馬、同平章尚書省事張易並中書平章政事，參知尚書省事張惠爲中書左丞，參知尚書省事李堯咨、麥朮丁並參知中書政事。罷給事中、中書舍人、檢正等官，仍設左右司，省六部爲四，改稱中書。丙寅，詔遣不花及馬璘諭高麗具舟糧助征躭羅。河南省請益兵，敕諸路簽軍三萬。丁丑，敕皇子西平王奧魯赤、阿魯帖木兒、禿哥及南平王禿魯所部與四川行省也速帶兒部下，并忙古帶等十八族、欲速公弄等土番軍，同征建都。新安州初隸雄州，詔爲縣入順天。庚辰，改北京、中興、四川、河南四路行尚書省爲行中書省。京兆復立行省，仍命諸王只必帖木兒設省斷事官。給西平王奥魯赤馬價弓矢。賜南平王禿魯銀印及金銀符各五。辛巳，移鳳州屯田於鹽、白二州。敕董文炳時巡掠南境，毋令宋人得立城堡。敕：「軍民訟田者，民田有餘則分之軍，軍田有餘亦分之民。仍遣能臣聽其直，其軍奴入民籍者，還正之。」敕燕王遣使持香旛，祠岳瀆、后土、五臺興國寺。命劉整總漢軍。壬午，改山東東路都元帥府統軍司爲行樞密院，以也速帶兒、塔出並爲行樞密院副使。乙酉，定受宣敕官禮儀。詔元帥府統軍司、總管萬戶府閱實軍籍。

二月庚寅朔，奉使日本趙良弼，遣書狀官張鐸同日本二十六人，至京師求見。辛卯，詔：「札魯忽赤乃太祖開創之始所置，位百司右，其賜銀印，立左右司。」壬辰，高麗國王王禃遣其臣齊安侯王淑來賀改國號。改中都爲大都。甲午，命阿朮典蒙古軍，劉整、阿里海牙典漢軍。戊戌，以去歲東平及西京等州縣旱蝗水潦，免其租賦。庚子，復唐州(祕)〔泌〕陽縣。〔一〇〕建中書省署於大都。戊申，始祭先農如祭社之儀。詔諸路開浚水利。車駕幸上都。

三月乙丑，諭旨中書省，日本使人速議遣還。安童言：「良弼請移金州戍兵，勿使日本妄生疑懼。臣等以爲金州戍兵，彼國所知，若復移戍，恐非所宜。但開諭來使，此戍乃爲耽羅暫設，爾等不須疑畏也。」帝稱善。甲戌，括民間四教經，焚之。蒙古都元帥阿朮、漢軍都元帥劉整、阿里海牙督本軍破樊城外郛，斬首二千級，生擒將領十六人，增築重圍守之。賑濟南路饑。詔免醫戶差徭。

夏四月己丑，詔於土蕃、西川界立寧河驛。辛卯，賜皇子愛牙赤所部馬。丙午，給西平王奥魯赤所部米。甲寅，賑大都路饑。

五月戊午朔，立和林轉運司，以小云失別爲使，兼提舉交鈔使。己未，給闊闊出海青銀符二。辛酉，罷簽回回軍。癸亥，敕拔都軍於怯鹿難之地開渠耕田。丙寅，簽徐、邳二州丁壯萬人，戍邳州。庚午，減鐵冶戶。罷西蕃禿魯干等處金銀礦戶爲民。禁漢人聚衆與蒙古人鬭毆。詔議取躭羅及濟州。辛巳，敕修築都城，凡費悉從官給，毋取諸民，并蠲伐木役夫稅賦。甲申，敕諸路軍戶驅丁，除至元七年前從良(人)〔入〕民籍者當差，〔二〕餘雖從良，並令助本戶軍力。乙酉，太白犯畢距星。宮城初建東西華、左右掖門。詔安集答里伯所部流民。

六月壬辰，遣高麗國西京屬城諸達魯花赤及質子金鎰等歸國。減乞里吉思屯田所入租，仍遣南人百名，給牛具以往。是夜京師大雨，壞牆屋，壓死者衆。癸巳，敕以籍田所儲糧賑民，不足，又發近地官倉濟之。甲午，高麗告饑，轉東京米二萬石賑之。己亥，山東路行樞密院塔出於四月十三日遣步騎趨漣州，攻破射龍溝、五港口、鹽場、白頭河四處城堡，殺宋兵三百餘人，虜獲人牛萬計，第功賞賚有差。辛亥，高麗國王王禃請討躭羅餘寇。

秋七月丁巳朔，河南省臣言：「往歲徙民實邊屯耕，以貧苦悉散還家。今唐、鄧、蔡、息、徐、邳之民，愛其田廬，仍守故屯，願以絲銀準折輸糧，而內地州縣轉粟餉軍者，反厭苦之。臣議今歲沿邊州郡，宜仍其舊輸糧，內地州郡，驗其戶數，俾折鈔就沿邊和糴，庶幾彼此交便。」制曰「可」。拘括開元、東京等路諸漏籍戶。禁私鬻回回曆。賑水達達部饑。戊寅，賜諸王八八部銀鈔。集都城僧誦大藏經九會。壬午，和禮霍孫奏：「蒙古字設國子學，而漢官子弟未有學者，及官府文移猶有畏吾字。」詔自今凡詔令並以蒙古字行，仍遣百官子弟入學。乙酉，免徙大羅鎮居民，令倍輸租米給鷹坊。詔分閱大都、京兆等處探馬赤奴戶名籍。

八月丙戌朔，日有食之。戊子，立羣牧所，掌牧馬及尙方鞍勒。壬辰，敕忙安倉及(靖)〔淨〕州預儲糧五萬石，〔二〕以備弘吉剌新徙部民及西人內附者廩給。調兵增戍全羅州。乙未，禁諸人以己事輒呼至尊稱號者。丁酉，立斡脫所。己亥，諸王闊闊出請以分地寧海、登、萊三州自爲一路，與他王比，歲賦惟入寧海，無輸益都，詔從之。癸卯，千戶崔松敗宋襄陽援兵，斬其將張順，賜松等將士有差。乙巳，車駕至自上都。丁未，改延州爲延津縣，與陽武同隸南京。癸丑，賑遼東等路饑。

九月甲子，宋襄陽將張貴以輪船出城，順流突戰，阿朮、阿剌海牙等舉烽燃火，燭江如晝，率舟師轉戰五十餘里，至櫃門關，生獲貴及將士二千餘人。丙寅，敕樞密院：「諸路正軍貼戶及同籍親戚奴僕，丁年旣長，依諸王權要以避役者，並還之軍，惟匠藝精巧者以名聞。」癸酉，同僉河南省事崔斌訟右丞阿里妄奏軍數二萬，敕杖而罷之。甲戌，罷水軍總管府。東川元帥李吉等略地開州，拔石羊寨，擒宋將一人；統軍使合剌等兵掠合州及渠江口，獲戰船五十艘，賞銀幣有差。丙子，發民夫三千人伐巨木遼東，免其家徭賦。戊寅，太陰犯御女。賑益都路饑。

冬十月丙戌朔，封皇子忙哥剌爲安西王，賜京兆爲分地，駐兵六盤山。遣使持詔諭扮卜、忻都國。壬辰，享于太廟。癸巳，趙璧爲平章政事，張易爲樞密副使。乙未，築渾河堤。戊戌，熒惑犯塡星。己亥，敕自七月至十一月終聽捕獵，餘月禁之。癸卯，立文州。初立會同館。

十一月乙卯朔，詔以至元十年曆賜高麗。壬戌，發北京民夫六千，伐木乾山，蠲其家徭賦。諸王只必帖木兒築新城成，賜名永昌府。丙寅，蠲昔剌斡脫所負官錢。丁卯，太陰犯畢。城光州。遣無籍軍掠宋境。己巳，敕發屯田軍二千、漢軍二千、高麗軍六千，仍益武衞軍二千，征耽羅。辛未，召高（陸）〔陵〕儒者楊恭懿，〔一三〕不至。癸酉，以前拔樊城外郛功，賞千戶劉深等金銀符。己卯，併中書省左右司爲一。宋（荆）〔京〕湖制置李庭芝爲書，〔一四〕遣永寧僧齎金印、牙符，來授劉整盧龍軍節度使，封燕郡王。僧至永寧，事覺，上聞，敕張易、姚樞雜問。適整至自軍中，言：「宋患臣用兵襄陽，欲以是殺臣，臣實不知。」敕令整爲書復之，賞整，使還軍中，誅永寧僧及其黨友。參知行省政事阿里海牙言：「襄陽受圍久未下，宜先攻樊城，斷其聲援。」從之。回回亦思馬因創作巨石砲來獻，用力省而所擊甚遠，命送襄陽軍前用之。

十二月乙酉朔，詔諸路府州司縣達魯花赤管民長官，兼管諸軍奧魯。丁亥，立肅州等處驛。以東平府民五萬餘戶，復爲東平路。辛丑，諸王忽剌出拘括逃民高麗界中，高麗達魯花赤上其事，詔高麗之民猶未安集，禁罷之。遣宋議互市使者南歸。戊午，〔一五〕賜北平王南木合軍馬一萬二千九百九十一、羊六萬一千五百三十一，及諸王塔察兒軍幣帛。辛亥，宋將昝萬壽來攻成都，僉省嚴忠範出戰失利，退保子城，同知王世英等八人棄城遁。詔以邊城失守，罪在主將，世英雖遁，與免其罪，惟遣使縛忠範至京師。癸丑，陞拱衞司爲拱衞直都指揮使司。

是歲，天下戶一百九十五萬五千八百八十。賜先朝后妃及諸王金、銀、幣、帛如歲例。斷死罪三十九人。建大聖壽萬安寺。

校勘記

〔一〕蒙哥〔都〕　據上文至元六年十一月丁未條及本書卷二〇八高麗傳所見「忙哥都」、「蒙哥都」補。

〔二〕前中書右丞相伯顏　按上文至元二年八月己卯、至元四年六月乙丑條及本書卷一二七伯顏傳，伯顏至元二年任中書左丞相，四年降爲中書右丞。此處云「前中書右丞相」，史文有誤。

〔三〕脫（脫）朶兒　據本書卷二〇八高麗傳及高麗史卷二六元宗世家元宗十一年五月丙午條刪。

〔四〕浚武〔淸〕縣御河　據本書卷六四河渠志補。

〔五〕宋宗禮　按高麗史卷二六元宗世家元宗十一年五月癸丑條及卷一三〇林衍傳均作「宋松禮」，疑作「松」是。

〔六〕陝蜀行中書省　按至元七年三月至八年九月間，陝西五路、西蜀、四川地方設行尙書省，此處疑「尙」誤爲「中」。

〔七〕增（治）〔置〕河東山西道按察司　據本書卷八六百官志改。類編已校。

〔八〕東川統（兵）〔軍〕司　據本書卷六〇地理志及卷九九兵志所見「東川統軍司」改。類編已校。

〔九〕不以（利）〔義〕而制稱　據元典章卷一、元文類卷九建國號詔改。類編已校。

〔一〇〕復唐州（祕）〔泌〕陽縣　據本書卷五九地理志改。本證已校。

〔一一〕從良（人）〔入〕民籍　據本書卷九八兵志所見「從良入民籍」改。道光本已校。

〔一二〕（靖）〔淨〕州　見卷一校勘記〔一四〕。

〔一三〕高（陸）〔陵〕儒者楊恭懿　按元文類卷六〇楊恭懿神道碑，楊恭懿世居高陵縣，此處「陵」誤爲「陸」，今改。蒙史已校。

〔一四〕宋（荆）〔京〕湖制置李庭芝　據宋史卷四六度宗紀咸淳六年正月壬寅條改。

〔一五〕戊午　按是月乙酉朔，無戊午日。此「戊午」在辛丑十七日、辛亥二十七日間，疑爲丙午二十二日或戊申二十四日之誤。

元史卷八

本紀第八

世祖五

十年春正月乙卯朔，高麗國王王禃遣其世子愖來朝。戊午，敕自今並以國字書宣命。命忻都、鄭溫、洪茶丘征躭羅。宿州萬戶愛先不花請築堡牛頭山，以阨兩淮糧運，不允。愛先不花因言：「前宋人城五河，統軍司臣皆當得罪。今不築，恐爲宋人所先。」帝曰：「汝言雖是，若坐視宋人戍之，罪亦不免也。」安南使者還，言陳光昞受詔不拜。中書移文責問，光昞稱從本俗。改回回愛薛所立京師醫藥院，名廣惠司。己未，禁鷹坊擾民及陰陽圖讖等書。癸亥，阿里海牙等大攻樊城，拔之，守將呂文煥懼而請降，中書省驛聞，遣前所俘唐永堅持詔諭之。丁卯，立祕書監。戊辰，給皇子北平王甲一千。置軍器、永盈二庫，分典弓矢、甲冑。庚午，簽陝西探馬赤軍。己卯，川蜀省言：「宋昝萬壽攻成都，也速帶兒所部騎兵征建都未還，擬於京兆等路簽新軍六千爲援。」從之。詔遣扎朮呵押失寒、崔杓持金十萬兩，命諸王阿不合市藥獅子國。壬午，賞東川統軍合剌所部有功者。合剌請於渠江之北雲門山及嘉陵西岸虎頭山立二戍，以其圖來上，仍乞益兵二萬。詔給京兆新簽軍五千益之。

二月丙戌，以皇后、皇太子受册寶，遣太常卿合丹告于太廟。丙申，雲南羅羽酋長阿旭叛，詔有司安集其民，募能捕斬阿旭者賞之。遣斷事官麥肖勾校川陝行省錢穀。詔勘馬剌失里、乞帶脫因、劉源使緬國，諭遣子弟近臣來朝。高麗國王王禃以王師征耽羅，乞下令禁俘掠，聽自製兵仗，從之。丁未，宋京西安撫使、知襄陽府呂文煥以城降。

三月甲寅朔，詔申諭大司農司遣使巡行勸課，務要農事有成。乙丑，敕樞密院以襄陽呂文煥率將吏赴闕。熟券軍并城居之民仍居襄陽，給其田牛；生券軍分隸各萬戶翼。文煥等發襄陽，擇蒙古、漢人有才力者護視以來。丙寅，帝御廣寒殿，遣攝太尉、中書右丞相安童授皇后弘吉剌氏玉册玉寶，遣攝太尉、同知樞密院事伯顏授皇太子眞金玉册金寶。辛未，以皇后、皇太子受册寶，詔告天下。劉整請教練水軍五六萬及於興元金、洋州、汴梁等處造船二千艘，從之。壬申，分金齒國爲兩路。癸酉，客星青白如粉絮，起畢，度五車北，復自文昌貫斗杓，歷梗河，至左攝提，凡二十一日。以前中書左丞相耶律鑄平章軍國重事，中書左丞張惠爲中書右丞。車駕幸上都。西蜀嚴忠範以罪罷，遣察不花等撫治軍民。罷中興等處行中書省。

夏四月癸未朔，阿里海牙以呂文煥入朝，授文煥昭勇大將軍、侍衞親軍都指揮使、襄漢大都督，賜其將校有差。時將相大臣皆以聲罪南伐爲請，驛召姚樞、許衡、徒單公履等問計，公履對曰：「乘破竹之勢，席卷三吳，此其時矣。」帝然之。詔罷河南等路行中書省，以平章軍國重事史天澤、平章政事阿朮、參知政事阿里海牙行荆湖等路樞密院事，鎭襄陽；左丞相合丹，參知行中書省事劉整，山東都元帥塔出、董文炳行淮西等路樞密院事，守正陽。天澤等陛辭，詔諭以襄陽之南多有堡寨，可乘機進取。仍以鈔五千錠賜將士及賑新附軍民。甲申，免隆興路榷課三年。丁酉，敕南儒爲人掠賣者，官贖爲民。辛丑，罷四川行省，以鞏昌二十四處便宜總帥汪良臣行西川樞密院，東川閬、蓬、廣安、順慶、夔府、利州等路統軍使合剌行東川樞密院，東川副統軍王仲仁同僉行樞密院事，仍命汪良臣就率所部軍以往。

五月壬子朔，定內外官復舊制，三歲一遷。甲寅，禁無籍軍從大軍殺掠，其願爲軍者聽。戊辰，詔：「天下獄囚，除殺人者待報，其餘一切疏放，限以八月內自至大都，如期而至者皆赦之。」乙亥，詔：「免民代輸簽軍戶絲銀，及伐木夫戶賦稅。負前朝官錢不能償者，毋徵。主守失陷官錢者，杖而釋之。陣亡軍及營繕工匠無丁產者，量加廩給。」以雄、易州復隸大都。庚辰，賞襄陽有功萬戶奧魯赤等銀鈔衣服有差。

六月乙酉，賑諸王塔察兒部民饑。丁亥，以各路弓矢甲匠並隸軍器監。免大都、南京兩路賦役，以紓民力。賑甘州等處諸驛。辛卯，汰陝西貧難軍。以劉整、阿里海牙不相能，分軍爲二，各統之。癸巳，敕襄陽造戰船千艘。甲午，改資用庫爲利用監。丁酉，置光州等處招討司。戊申，經略忻都等兵至躭羅，撫定其地，詔以失里伯爲躭羅國招討使，尹邦寶副之。陞拱衞直爲都指揮司。使日本趙良弼，至太宰府而還，具以日本君臣爵號、州郡名數、風俗土宜來上。

閏月癸丑，敕諸道造甲一萬、弓五千，給淮西行樞密院。己巳，罷東西兩川統軍司。辛未，以翰林院纂修國史，敕采錄累朝事實以備編集。丙子，以平章政事賽典赤行省雲南，統合剌章、鴨赤、赤科、金齒、茶罕章諸蠻，賜銀貳萬五千兩、鈔五百錠。

秋七月辛巳，以金州軍八百人及統軍司還成都，忽朗吉軍千人隸東川。壬午，以修太廟，將遷神主別殿，遣兀魯忽奴帶、張文謙祭告。丙戌，敕樞密院：「襄陽生券軍無妻子者，發至京師，仍益兵衞送，其老疾者遣還家。」庚寅，河南水，發粟賑民饑，仍免今年田租。省西涼府入永昌路。戊申，高麗國王王禃遣其順安公王悰、同知樞密院事宋宗禮，〔一〕賀皇后、皇太子受册禮成。

八月庚戌朔，前所釋諸路罪囚，自至大都者凡二十二人，並赦之。甲寅，鳳翔寶鷄縣劉鐵妻一產三男，〔三〕復其家三年。丁丑，聖誕節，高麗王王禃遣其上將軍金詵來賀。己卯，賜襄陽生熟券軍冬衣有差。

九月辛巳，遼東饑，弛獵禁。以合伯爲平章政事。壬午，立河南宣慰司，供給荆湖、淮西軍需。甲申，襄陽生券軍至大都，詔伯顏諭之，釋其械繫，免死罪，聽自立部伍，俾征日本；仍敕樞密院具鎧仗，人各賜鈔娶妻，於蒙古、漢人內選可爲率領者。丙戌，劉秉忠、姚樞、王磐、竇默、徒單公履等上言：「許衡疾歸，若以太子贊善王恂主國學，庶幾衡之規模不致廢墜。」又請增置生員，並從之。秉忠等又奏置東宮宮師府詹事以次官屬三十八人。戊子，遣官詣荆湖行省，差次有功將士。禁京畿五百里內射獵。己丑，敕自今秋獵鹿豕先薦太廟。壬辰，中書省臣奏：「高麗王王禃屢言小國地狹，比歲荒歉，其生券軍乞駐東京。」詔令營北京界，仍敕東京路運米二萬石，以賑高麗。丁酉，立正陽諸驛。敕河南宣慰司運米三十萬石，給淮西合答軍。仍給淮西、（京）〔荆〕湖軍需有差。〔三〕壬寅，敕會同舘專居降附之入覲者。以翰林學士承旨和禮霍孫兼會同舘事，以主朝廷咨訪，及降臣奏請。征東招討使塔匣剌請征骨嵬部，不允。丙午，置御藥院。〔四〕車駕至自上都。給諸王塔察兒所部布萬四。

冬十月乙卯，享于太廟。丙辰，以西川編民、東川義士軍屯田，餉潼川、青居戍兵。敕伯顏、和禮霍孫以史天澤、姚樞所定新格，參考行之。庚申，御史臺臣言，沒入贓罰，爲鈔一千三百錠。詔有貧乏不能存者，以此賑之。有司斷死罪五十人，詔加審覆，其十三人因鬬毆殺人，免死充軍，餘令再三審覆以聞。禁牧地縱火。以合答帶爲御史大夫。陞襄陽府爲路。罷廣寧府新簽軍。初建正殿、寢殿、香閣、周廡兩翼室。西蜀都元帥也速答兒與皇子奧魯赤合兵攻建都蠻，擒酋長下濟等四人，獲其民六百，建都乃降，詔賞將士有差。

十一月癸未，命布只兒修起居注。丁未，大司農司言：「中書移文，以畿內秋禾始收，請禁農民覆耕，恐妨芻牧。」帝以農事有益，詔勿禁。

十二月己酉朔，安童等言：「昔博赤伯都謂總管府權太重，宜立運司幷諸軍奧魯，以分之。臣以今之民官，循例遷徙，保無邪謀，別立官府，於民未便。」帝然之。壬子，賜襄樊被傷軍士鈔千錠。甲寅，宋夏貴攻正陽，淮西行院擊走之。壬戌，召阿朮同呂文煥入覲。大司農司請罷西夏世官，括諸色戶，從之。安南國王陳光昞遣使來貢方物。諸王薛闍禿以罪從軍，累戰皆捷，召赴闕。己巳，省陝州虢略、朱陽二縣入靈寶。賜萬戶解汝楫銀萬五千兩。諸王孛兀兒出率所部兵與皇子北平王合軍，討叛臣聶古伯，平之，賞立功將士有差。賜諸王金、銀、幣、帛如歲例。

是歲，諸路蟲蝻災五分，霖雨害稼九分，賑米凡五十四萬五千五百九十石。天下戶一百九十六萬二千七百九十五。

十一年春正月己卯朔，宮闕告成，帝始御正殿，受皇太子諸王百官朝賀。高麗國王王禃遣其少卿李義孫等來賀，兼奉歲貢。乙酉，以金州招討使欽察率襄陽生熟券軍千人戍鴨池。庚寅，初立軍官以功陞散官格。免諸路軍雜賦。以忙古帶等新舊軍一萬一千五百人戍建都，立建都寧遠都護府，兼領互市監。壬辰，置西蜀四川屯田經略司。丁酉，長春宮設周天金籙醮七晝夜。敕荆湖行院以軍三萬、水弩砲手五千，隸淮西行院。丙午，彰德趙當道等以謀逆伏誅，餘從者論罪有差。立于闐、鴉兒看兩城水驛十三，沙州北陸驛二。免于闐采玉工差役。阿里海牙言：「荆襄自古用武之地，漢水上流已爲我有，順流長驅，宋必可平。」阿朮又言：「臣略地江淮，備見宋兵弱於往昔，今不取之，時不能再。」帝趣召史天澤同議，天澤對曰：「此國大事，可命重臣一人如安童、伯顏，都督諸軍，則四海混同，可計日而待矣。臣老矣，如副將者，猶足爲之。」帝曰：「伯顏可以任吾此事矣。」阿朮、阿里海牙因言：「我師南征，必分爲三，舊軍不足，非益兵十萬不可。」詔中書省簽軍十萬人。

二月戊申朔，賜阿朮所部將士及茶罕章阿吉老者等銀鈔有差。甲寅，太陰犯井宿。庚申，新德副元帥楊堯元戰沒，以其子襲職。初立儀鸞局，掌宮門管鑰、供帳燈燭。壬申，造戰船八百艘於汴梁。以廉希憲爲中書右丞、北京等處行中書省事。車駕幸上都。

三月己卯，詔以勸課農桑諭高麗國王王禃，仍命安撫高麗軍民總管洪茶丘提點農事。己丑，呂文煥隨司千戶陳炎謀叛，誅首惡二人，其隨司軍併其妻子，皆令內徙。庚寅，敕鳳州經略使忻都、高麗軍民總管洪茶丘等，將屯田軍及女直軍，幷水軍，合萬五千人，戰船大小合九百艘，征日本。移磵門兵戍合答城。辛卯，改荆湖、淮西二行樞密院爲二行中書省：伯顏、史天澤並爲左丞相，阿朮爲平章政事，阿里海牙爲右丞，呂文煥爲參知政事，行中書省於荆湖；合答爲左丞相，劉整爲左丞，塔出、董文炳爲參知政事，行中書省於淮西。遣使代祀嶽瀆后土。河南宣慰司言：「軍興轉輸煩重，宜賦軍匠諸戶，權助財用。」從之。癸巳，獲嘉縣尹常德，課最諸縣，詔優賞之。亦乞里帶強取民租產、桑園、廬舍、墳墓，分爲探馬赤軍牧地，詔還其民。萬戶阿里必嘗發李璮逆謀，爲璮所殺，以其子剌剌吉襲職。改金州招討司爲萬戶府。遣要速木、咱興憨失招諭八魯國。帝師八合思八歸土番國，以其弟亦鄰眞襲位。建大護國仁王寺成。

夏四月辛亥，分陝西隴右諸州，置提刑按察司，治鞏昌。癸丑，初建東宮。甲寅，誅西京訛言惑衆者。括諸路馬五萬匹。辛未，詔安慰斡端、鴉兒看、合失合兒等城。賜襄樊戰死之士二百四十九人之家，每家銀百兩。乙亥，命也速帶兒將千人，同撒吉思所部五州丁壯，戍益都。

五月丙戌，汪惟正以所部軍逃亡，乞於民站戶選補，從之。敕北京、東京等路新簽軍恐不宜暑，權駐上都。乙未，樞密院臣言：「舊制，蒙古軍每十人月食糧者，惟拔都二人。今遣怯薛丹合丹覈其數，多籍二千六百七十人。」敕杖合丹，斥無入宿衞，謫往西川效死軍中，餘定罪有差。丙申，以皇女忽都魯揭里迷失下嫁高麗世子王愖。辛丑，敕隨路所簽新軍，其戶絲銀均配於民者，並除之。

六月丙午朔，劉整乞益甲仗及水弩手，給之。庚戌，賜建都合馬里戰士銀鈔有差。癸丑，敕合答選部下蒙古軍五千人，與漢軍分戍沿江堡隘，爲使傳往來之衞。仍以古不來拔都、翟文彬率兵萬人，掠荆南鴉山，以綴宋之西兵。丙辰，免上都、隆興兩路簽軍。庚申，問罪於宋，詔諭行中書省及蒙古、漢軍萬戶千戶軍士曰：

爰自太祖皇帝以來，與宋使介交通。憲宗之世，朕以藩職奉命南伐，彼賈似道復遣宋京詣我，請罷兵息民。朕卽位之後，追憶是言，命郝經等奉書往聘，蓋爲生靈計也，而乃執之，以致師出連年，死傷相藉，係累相屬，皆彼宋自禍其民也。襄陽旣降之後，冀宋悔禍，或起令圖，而乃執迷，罔有悛心，所以問罪之師，有不能已者。

今遣汝等，水陸並進，布告遐邇，使咸知之。無辜之民，初無預焉，將士毋得妄加殺掠。有去逆效順，別立奇功者，驗等第遷賞。其或固拒不從及逆敵者，俘戮何疑。

甲子，分遣忙古帶、八都、百家奴率武衞軍南征。丙寅，以合剌合孫爲中書左丞，崔斌參知政事，仍行河南道宣慰司事。敕有司閱覈延安新軍，貧無力者免之。戊辰，監察御史言：「江淮未附，將帥闕人。今首用阿里海牙子忽失海牙、劉整子垓，素不知兵，且缺人望，宜依弟男例罷去。」從之。

秋七月乙亥朔，敕山北遼東道提刑按察使兀魯失不花同參知政事廉希憲行省北京，國王頭輦哥毋署事，有大事，則希憲等就議。乙酉，徙生券軍八十一人屯田和林。癸巳，高麗國王王禃薨，遣使以遺表來上，且言世子愖孝謹，可付後事。敕同知上都留守司事張煥册愖爲高麗國王。乙未，伯顏等陛辭，帝諭之曰：「古之善取江南者，唯曹彬一人。汝能不殺，是吾曹彬也。」興元鳳州民獻麥一莖四穗至七穗，穀一莖三穗。

八月甲辰朔，頒諸路立社稷壇壝儀式。丁未，史天澤言：「今大師方興，荆湖、淮西各置行省，勢位既不相下，號令必不能一，後當敗事。」帝是其言，復改淮西行中書省爲行樞密院。癸丑，行中書省言：「江漢未下之州，請令呂文煥率其麾下臨城諭之，令彼知我寬仁，善遇降將，亦策之善者也。」從之。甲寅，弛河南軍器之禁。辛未，高麗王愖遣其樞密使朴璆來賀聖誕節。詔太原新簽軍遠戍兩川，誠可憫恤，諭樞密院遣使分括廩粟，給其家。

九月丙戌，行中書省以大軍發襄陽，檄諭宋州郡官吏將校士民。癸巳，師次鹽山，距郢州二十里。宋兵十餘萬當郢，夾漢水，城萬勝堡，兩岸戰艦千艘，鐵絚橫江，貫大艦數十，遏我舟師不得下。惟黃家灣有溪，經鷄子山入唐港，可達于江，宋又爲壩，築堡其處，駐兵守之，繫舟數百，與壩相依。伯顏督諸軍攻拔之，鑿壩挽舟入溪，出唐港，整列而進。車駕至自上都。

冬十月己酉，享于太廟。庚申，長河西千戶必剌冲剽掠甲仗，集衆爲亂，火你赤移戍未還，副元帥覃澄率屬吏赴之。帝曰：「澄不必獨往，趣益兵三千付火你赤，合力討之。」壬戌，歲星犯壘壁陣。乙丑，伯顏督諸將破沙洋堡，生擒守將串樓王。翌日，次新城。總制黃順縋城降。伯顏遣順招都統邊居（義）〔誼〕，〔五〕不出，總管李庭破其外堡，諸軍蟻附而登，拔之，居（義）〔誼〕自焚死。辛未，賜北平王南木合馬三萬、羊十萬。

十一月庚辰，斷死罪三十九人。壬午，敕西川行樞密院也速帶兒取嘉定府。癸未，符寶郎董文忠言：「比聞益都、彰德妖人繼發，其按察司、達魯花赤及社長不能禁止，宜令連坐。」詔行之。乙酉，軍次復州，宋安撫使翟貴出降。丁亥，詔宋嘉定安撫昝萬壽，及凡守城將校納款來降，與避罪及背主叛亡者，悉從原免。癸巳，東川元帥楊文安與青居山蒙古萬戶怯烈乃、也只里等會兵達州，直趣雲安軍，至馬湖江與宋兵遇，大破之，遂拔雲安、羅拱、高陽城堡，賜文安等金銀有差。以香河荒地千頃置中衞屯。伯顔遣萬戶帖木兒、譯史阿里奏沙洋、新城之捷，且以新城總制黃順來見。賜順黃金錦衣及細甲，授湖北道宣慰使，佩虎符。敕：「京師盜詐者衆，宜峻立治法。」召征日本忽敦、忽察、劉復亨、三沒合等赴闕。壬寅，安童以阿合馬擅財賦權，蠹國害民，凡官屬所用非人，請別加選擇；其營作宮殿，夤緣爲姦，亦宜詰問。帝命窮治之。起閣南直大殿及東西殿。增選樂工八百人，隸教坊司。

十二月丙午，伯顔大軍次漢口。宋淮西制置使夏貴，都統高文明、劉儀以戰船萬艘，分據諸隘，都統王達守陽羅堡，(荆)〔京〕湖宣撫朱禩孫以游擊軍扼中流，〔六〕師不得進。用千戶馬福言，自漢口開壩，引船會淪河口，徑趨沙蕪，遂入大江。癸丑，以諸路逃奴之無主者二千人，隸行工部。甲寅，賞忻都等征躭羅功，銀鈔幣帛有差。乙卯，阿里海牙督萬戶張弘範等攻武磯堡，宋夏貴以兵來援，阿朮率萬戶晏徹兒等四翼軍對青山磯泊。丙辰，萬戶史格以一軍先渡，爲宋荆鄂諸軍都統程鵬飛所敗，總管史塔剌渾等率衆赴敵，鵬飛敗走。進軍沙洲，抵觀音山，夏貴東走，遂破武磯堡，斬宋都統王達，始達南岸，追至鄂州南門而還。丁巳，伯顔登武磯山。宋朱禩孫遁歸江陵。己未，師次鄂州，宋直祕閣湖北提舉張晏然、權知漢陽軍王儀、知德安府來興國並以城降。程鵬飛以本軍降。伯顔承制以宋鄂州民兵總制王該知鄂州事，王儀、來興國仍舊任，撤其戍兵，分隸諸軍。下令禁侵暴，凡逃民悉縱還之。

以阿里海牙兵四萬鎮鄂漢。伯顏、阿朮將大軍，水陸東下。以侍衞親軍都指揮使禿滿帶爲諸軍殿。以襄陽路總管賈居貞爲宣撫使，商議行中書省事。庚申，淮西正陽火，廬舍甲仗，焚蕩無餘，杖萬戶愛先不花等有差。癸亥，賜太一眞人李居(素)〔壽〕第一區，〔七〕仍賜額曰太乙廣福萬壽宮。行中書省以渡江捷聞。敕縱呂文煥隨司軍悉還家。割南陽盧氏縣隸嵩州，置歸德永城縣，長武縣省入涇川，良原縣省入靈臺。

是歲，天下戶一百九十六萬七千八百九十八。諸路虸蚄等蟲災凡九所。民饑，發米七萬五千四百一十五石、粟四萬五百九十九石以賑之。

十二年春正月癸酉朔，高麗國王王愖遣其判閣事李信孫來賀，及奉歲幣。甲戌，大軍次黃州，宋沿江制置副使、知黃州陳奕以城降，伯顏承制授奕沿江大都督；其子巖知漣州，奕遣人以書諭之，書至，巖卽出降。乙亥，徙襄陽新民七百戶於河北。東川副都元帥張德潤拔禮義城，殺宋安撫使張資，招降軍民千五百餘人。繼遣元帥張桂孫略地，俘總管郭武及都轄唐惠等六人以歸。賜德潤金五十兩及西錦、金鞍、細甲、弓矢，部下將士鈔三百錠。戊寅，劉整卒。安西王相府乞給鈔萬錠爲軍需，敕以千錠給之。癸未，師次蘄州，宋安撫使管景模以城降。乙酉，敕樞密院以納忽帶兒、也速帶兒所統戍軍及再簽登萊丁壯八百人，付五州經略司，其郯城、十字路亦聽經略司節度。丙戌，大軍次江州，宋江西安撫使、知江州錢眞孫及淮西路六安軍曹明以城降。丁亥，樞密院臣言：「宋邊郡如嘉定、重慶、江陵、郢州、漣海等處，皆阻兵自守，宜降璽書招諭。」從之。宋知南康軍葉閶以城降。敕以侍衛親軍指揮使札的失、囊加帶將蒙古軍二千，百家奴、唐古、忙兀兒將漢軍萬人，赴蔡州。禿滿帶、賈忙古帶復將餘兵赴闕。己丑，遣伯朮、唐永堅齎詔招諭郢州，仍敕襄陽統軍司調兵三千人衛送永堅等。選蒙古、畏吾、漢人十四人赴行中書省，爲新附州郡民官。庚寅，遣〔左〕〔右〕衛指揮副使鄭溫、〔八〕唐古、帖木兒率衛軍萬人，同札的失、囊加帶戍黃州。詔諭重慶府制置司幷所屬州郡城寨官吏軍民，舉城歸附。壬辰，以宣撫使賈居貞僉書行中書省事，戍鄂州。安南國使者還，敕以舊制籍戶、設達魯花赤、簽軍、立站、輸租及歲貢等事諭之。乙未，遣兵部尙書廉希賢、工部侍郎嚴忠範、祕書監丞柴紫芝，奉國書使于宋。丁酉，以萬家奴所募願爲軍者萬人南征。己亥，雲南總管信苴日、〔九〕石買等刺殺合剌章舍里威之爲亂者，以金賞之。命土魯至雲南，趣阿魯帖木兒入覲。以蠻夷未附者尙多，命宣慰司兼行元帥府事，並聽行省節度，置郡縣，尹長選廉能者任之。置雲南諸路規措所，以贍思丁爲使。益衛送唐永堅兵，永堅求拜都、忙古帶偕行，許之。敕追諸王海都、八剌金銀符三十四。

二月癸卯，大軍次安慶府，宋殿前都指揮使、知安慶府范文虎以城降，伯顏承制授文虎兩浙大都督。甲辰，以中書右丞博魯歡爲淮（南）〔東〕都元帥，〔一〇〕中書右丞阿里左（右）副都元帥。〔一一〕仍命阿里、撒吉思等各部蒙古、漢軍會邳州。又發蘄、宿戍兵，將河南戰船千艘赴之。遣必闍赤孛羅檢覈西夏榷課。命開元宣撫司賑吉里迷新附饑民。敕畏吾地春夏毋獵孕字野獸。立后土祠于平陽之臨汾，伏羲、女媧、舜、湯、河瀆等廟于河中、解州、洪洞、趙城。丙午，大軍次池州，宋權州事趙卯發自經死，都統制張林以城降。省西夏中興都轉運司入總管府。議以中統鈔易宋交會，并發蔡州鹽，貿易藥材。丁未，禁無籍自效軍俘掠新附復業軍民。戊申，詔諭江、黃、鄂、岳、漢陽、安慶等處歸附官吏士民軍匠僧道人等，令農者就耒，商者就塗，士庶緇黃，各安已業，如或鎮守官吏妄有搔擾，詣行中書省陳告。史天澤卒。召游顯、楊庭訓赴闕。賜陳言人霍昇、張和鈔十錠，俾從淮東元帥府南征。庚戌，遣禮部侍郎杜世忠、兵部郎中何文著，齎書使日本國。辛亥，遣同知濟南府事張漢英，持詔諭淮東制置使李庭芝。壬子，洛磁路總管姜毅捕獲農民郝進等四人，造祆言惑衆，敕誅進，餘減死流遠方。宋都督賈似道遣計議宋京、承宣使阮思聽詣行中書省，請還已降州郡，約貢歲幣。伯顏使囊加帶同阮思聽還報命，留宋京以待，使謂似道曰：「未渡江時，入貢議和則可，今沿江諸郡皆已內屬，欲和，則當來面議也。」囊加帶還，乃釋宋京。以同僉樞密院事倪德政赴鄂州省，治財賦。癸丑，御史臺臣劾前南京路總管田大成，以其弟婦趙氏爲妻，廢絕人倫，敕杖八十，三年不齒，時大成已死，惟市杖趙氏八十。丙辰，賞征東元帥府日本戰功錦絹、弓矢、鞍勒。庚申，遣塔不帶、斡魯召鄂漢降臣張晏然等赴闕，仍諭之曰：「朕省卿所奏云：『宋之權臣不踐舊約，拘留使者，實非宋主之罪，儻蒙聖慈，止罪擅命之臣，不令趙氏乏祀者。』卿言良是。卿既不忘舊主，必能輔弼我家。比卿奏上，已遣伯顏按兵不進，仍遣兵部尚書廉希賢等持書往使，果能悔過來附，既往之愆，朕復何究。至於權臣賈似道，尚無罪之之心，況肯令趙氏乏祀乎？若其執迷罔悛，未然之事，朕將何言，天其鑒之。」辛酉，以闊闊出率其部下軍千人及親附軍五百，聽阿剌海牙節制。凡湖南州縣及瀕水之民，有來附者，俾闊闊出統之，拒敵不降者，就爲招集。詔令大洪山避兵民，還歸漢陽，復業農畝，命阿剌海牙鎮守之。又命阿失罕、唐永堅、綦公直等與脫烈將甲騎千人，持詔招諭郢州。大軍次丁家洲，戰船蔽江而下。宋賈似道分遣步帥孫虎臣及督府節制軍馬蘇劉義，集兵船于江之南北岸。似道與淮西制置使夏貴將後軍。戰船二千五百餘艘，橫亘江中。翌日，伯顏命左右翼萬戶率騎兵，夾岸而進，繼命舉巨砲擊之。宋兵陣動，夏貴先遁。似道錯愕失錯，鳴鉦斥諸軍散，宋兵遂大潰。阿朮與鎮撫何瑋、李庭等舟師及步騎，追殺百五十里，得船二千餘艘，及軍資器仗、督府圖籍符印。似道東走揚州。阿先不花言：「夏貴縱北軍岳全還，稱欲內附，宜降璽書招諭。」遂遣其甥胡應雷持詔往諭之。甲子，大軍次蕪湖縣，宋江東運判、知太平州孟之縉以城降。都元帥博魯歡次海州，知州丁順以城降。乙丑，阿里海牙言：「江陵宋巨鎭，地居大江上流，屯精兵不啻數十萬，若非乘此破竹之勢取之，江水泛溢，鄂漢之城亦恐難守。」從其請，仍降璽書，遣使諭江陵府制置司及高達已下官吏軍民。宋福州團練使、知特摩道事農士貴，率知那寡州農天或、知阿吉州農昌成、知上林州農道賢，州縣三十有七，戶十萬，詣雲南行中書省請降。丙寅，樞密院言：「渡江初，亳州萬戶史格、毗陽萬戶石抹紹祖，以輕進致敗，乞罪之。」有旨，或決罰降官，或以戰功自贖，其從行省裁處。禁民間賭博，犯者流之北地。戊辰，師次采石鎭，知和州王(善)〔喜〕以城降。〔一〕都元帥博魯歡次漣州，宋知州孫嗣武以城降。己巳，復遣伯朮、唐永堅等宣諭郢州官吏士庶。庚午，大軍次建康府，宋沿江制置使趙溍南走，都統、權兵馬司事徐王榮、翁福、茅世雄等及鎭軍曹旺以城降。宋賈似道至揚州，始遣總管段佑送國信使郝經、劉人傑等來歸。敕樞密院迎經等，由水路赴闕。詔安南國王陳光昞，仍以舊制六事諭之，趣其來朝。命怯薛丹察罕不花、侍儀副使關思義、眞人李德和，代祀嶽瀆后土。車駕幸上都。

三月壬申朔，宋鎭江府馬軍總管石祖忠以城降。行中書省分遣淮西行樞密院阿塔海駐京口。宋誅殿帥韓震，其部將李大明等二百人，携震母、妻并諸子文熠、文炌，自臨安來奔。甲戌，宋江陰軍僉判李世修以城降。乙亥，諭樞密院：「比遣建都都元帥火你赤征長河西，以副都元帥覃澄鎮守建都，付以璽書，安集其民。」仍敕安西王忙兀剌、諸王只必帖木兒、駙馬長吉，分遣所部蒙古軍從西平王奧魯赤征吐蕃。命萬執中、唐永堅同前所遣阿失罕等，將銳兵千人，同往招諭郢州：已降，則鎮之；不降，則從陸路與阿里海牙、忽不來會於荊南。丙子，國信使廉希賢等至建康，傳旨令諸將各守營壘，毋得妄有侵掠。宋知滁州王文虎以城降。戊寅，賜皇子安西王幣帛八千匹、絲萬斤。（乙）〔己〕卯，〔一三〕改平陰縣新鎮寨爲肥城縣，〔一四〕隸濟寧府。庚辰，宋知寧國府顏紹卿以城降。江東路得府二、州五、軍二、縣四十三，戶八十三萬一千八百五十二，口一百九十二萬九千一百六。甲申，於中興路置懷遠、靈武二縣，分處新民四千八百餘戶。丙戌，宋常州安撫戴之泰、通判王虎臣以城降。〔一五〕國信使廉希賢、嚴忠範等至宋廣德軍獨松關，爲宋人所殺。丁亥，免諸路軍雜賦。辛卯，宋將高世傑復據岳州，質知州孟之紹妻子。又取復州降將翟貴妻子，送之江陵。世傑會郢、復、岳三州及上流諸軍戰船數千艘，兵數萬人，扼荊江口。壬辰，阿里海牙以軍屯于東岸，世傑夜半遁去，黎明至洞庭湖口，兵船成列而陣。阿里海牙督諸翼萬戶及水軍張榮實、解汝楫等，逐世傑于湖口之夾灘，遣郎中張鼎召世傑，世傑降。阿里海牙以世傑招岳州，孟之紹亦以城降。以世傑力屈而降，誅之。賜北平王南木合所部馬二千一百八十、羊三百。癸巳，敕鄭城、沂州、十字路戍兵從博魯歡征淮南。丙申，側布蕃官稅昔、確州蕃官莊寮男車甲等，率四十三族，戶五千一百六十，詣四川行樞密院來附。戊戌，遣山東路經略使王儼戍岳州。庚子，從王磐、竇默等請，分置翰林院，專掌蒙古文字，以翰林學士承旨撒的迷底里主之。其翰林兼國史院，仍舊纂修國史、典制誥、備顧問，以翰林學士承旨兼修起居注和禮霍孫主之。辛丑，敕阿朮分兵取揚州。

夏四月壬寅朔，賞討長河西必剌充有功者及陣亡者金、銀、鈔、幣、帛各有差。乙巳，改西夏中興道按察司爲隴右河西道。丙午，立漣州、新城、清河三驛。阿里海牙駐軍江陵城南沙市，攻其柵，破之。知荊門軍劉懋降。丁未，阿里海牙遣郎中張鼎齎詔入江陵，宋(荊)〔京〕湖制置朱禩孫，湖北制置副使高達，京西湖北提刑青陽夢炎、李湜始出降。阿里海牙入江陵，分道遣使招諭未下州郡。知峽州趙眞、知歸州趙仔、權澧州安撫毛浚、常德府新城總制魯希文、舊城權知府事周公明等，悉以城降。辛亥，遣使招諭宋五郡鎭撫使呂文福使降。甲寅，諭中書省議立登聞鼓，如爲人殺其父母兄弟夫婦，寃無所訴，聽其來擊。其或以細事唐突者，論如法。辛酉，宋郢州安撫趙孟〔一六〕、復州安撫翟貴以城降。宋度支尙書吳浚移書建康徐王榮等，述其丞相陳宜中語，請罷兵通好。伯顏遣中書議事官張羽、淮西行院令史王章，同宋來使馬馭，持徐王榮復書至平江府驛亭，悉爲宋所殺。癸亥，阿朮師駐瓜洲，距揚州四十五里。宋淮東制置司盡焚城中廬舍，遷其居民而去。阿朮創立樓櫓戰具以守之。丙寅，立尚牧監。賜降臣丁順等衣服。免京畿百姓今歲絲銀。丁卯，以大司農、御史中丞孛羅爲御史大夫。罷隨路巡行勸農官，以其事入提刑按察司。括諸寺闌遺人口。庚午，以高達爲參知政事，仍詔慰諭之。遣兵部郎中王世英、刑部郎中蕭郁，持詔召嗣漢四十代天師張宗演赴闕。

五月辛未朔，阿里海牙以所俘童男女千人、牛萬頭來獻。樞密院言：「峽州宜以戰船扼其津要。又郢、復二州戍兵不足，今擬襄陽等處選五千七百人，隸行中書省，聽阿里海牙調遣。」從之。詔中書右丞廉希憲、參知政事脫博忽魯禿花行中書省于江陵府。阿里海牙還鄂州。立襄陽至荆南三驛。丁丑，阿朮立木栅于揚子橋，斷淮東糧道，且爲瓜(州)〔洲〕藩蔽。〔一七〕庚辰，詔諭參知政事高達曰：「昔我國家出征，所獲城邑，即委而去之，未嘗置兵戍守，以此連年征伐不息。夫爭國家者，取其土地人民而已，雖得其地而無民，其誰與居。今欲保守新附城壁，使百姓安業力農，蒙古人未之知也。爾熟知其事，宜加勉旃。湖南州郡皆汝舊部曲，未歸附者何以招懷，生民何以安業，聽汝爲之。」宋嘉定安撫昝萬壽遣部將李立奉書請降，言累負罪愆，乞加赦免。詔遣使招諭之。辛巳，宋知辰州呂文興、黄仙洞行隋州事傅安國、仙人寨行均州事徐鼎、知沅州文用圭、知靖州康玉、知房州李鑑等，皆以城降。荆南湖北路凡得府三、州十一、軍四、縣五十七，戶八十萬三千四百一十五，口一百九十四萬三千八百六十。丙戌，以三衞新附生券軍赴八達山屯田。丁亥，召伯顏赴闕。以蒙古萬戶阿剌罕權行中書省事。遣肅州達魯花赤阿沙簽河西軍。萬戶愛先不花違伯顏節制，擅撤戍兵，詔追奪符印，使從軍自效。淮東宣撫陳巖乞解官，終喪三年，不許。申嚴屠牛馬之禁。庚寅，宋五郡鎭撫使呂文福來降。壬辰，宋都統制劉師勇、殿帥張彥據常州。癸巳，諭高麗國王王愖，招珍島餘黨之在躭羅者。

六月庚子朔，日有食之。宋嘉定安撫使昝萬壽以城降，賜名順。癸卯，遣兩浙大都督范文虎，持詔往諭安豐、壽州、招信、五河等處鎭戍官吏軍民。遣刑部侍郎伯朮諭朱禩孫，以年老多病，不任朝謁，權留大都，無自疑懼。諭廉希憲等，元沒青陽夢炎、李湜家貲，如籍還之，併徙其家赴都。甲辰，以萬戶阿剌罕爲行中書省參知政事。獲知開州張章，赦其罪。章二子柱、楫先來降，以其子故，免死。敕失里伯、史樞率襄陽熟券軍二千、獵戶丁壯二千，同范文虎招安豐軍，各賜馬十匹。其故嘗從丞相史天澤者十九人，願宣勞軍中，令從樞以行。戊申，簽平陽、西京、延安等路達魯花赤弟男爲軍。辛亥，賞諸王(兀)〔禿〕魯所部獲功建都者三十五人銀鈔有差。〔一八〕定(兀)〔禿〕魯衞士人各馬二匹，從者一匹。敕淮東元帥府發兵，及鄂州戍兵與李璮舊部曲，幷前河南已簽軍萬人後免爲民者，復籍爲兵，並付行中書省。戊午，詔遣使招諭宋四川制置趙定應：「比者畢再興、青陽夢炎赴闕，面陳蜀閫事宜，奏請綏師，令自納款，姑從所請。今遣再興宣布大信，若能順時達變，可保富貴，毋爲塗炭生靈，自貽後悔。」庚申，遣重慶府招討使畢再興，持詔招諭宋合州節使張珏、江安潼川安撫張朝宗、涪州觀察陽立、梁山軍防禦馬堃。辛酉，宋潼川安撫使、知江安州梅應春以城降。乙丑，以漣、海新附丁順等括船千艘，送淮東都元帥府。丙寅，宋揚州都統姜才、副將張林步騎二萬人，乘夜攻揚子橋木柵。守柵萬戶史弼來告急，阿朮自瓜洲以兵赴之。詰旦至柵下，才軍夾水爲陣，阿朮麾騎兵渡水擊之，陣堅不動。阿朮軍引却，才軍來逼，我軍與力戰，才軍遂走。阿朮麾步騎並進，大敗之，才僅以身免，生擒張林，斬首萬八千級。戊辰，敕塔出率阿塔海、也速帶兒兩軍赴漣水。以遜擺爲躭羅國達魯花赤。罷山東經略司。

秋七月庚午朔，阿朮集行省諸翼萬戶兵船于瓜洲，阿塔海、董文炳集行院諸翼萬戶兵船于西津渡，宋沿江制置使趙溍、樞密都承旨張世傑、知泰州孫虎臣等陳舟師于焦山南北。阿朮分遣萬戶張弘範等，以拔都兵船千艘，西掠珠金沙。辛未，阿朮、阿塔海登南岸石公山，指授諸軍水軍萬戶劉琛循江南岸，東趨夾灘，繞出敵後；董文炳直抵焦山南麓，以掎其右；招討使劉國傑趣其左；萬戶忽剌出擣其中；張弘範自上流繼至，趣焦山之北。大戰自辰至午，呼聲震天地，乘風以火箭射其篛篷。宋師大敗，世傑、虎臣等皆遁走。追至圌山，獲黃鵠白鷂船數百艘。宋人自是不復能軍。翌日，宋平江都統劉師勇、殿帥張彥，以兩浙制司軍至呂城，復爲阿塔海行院兵所敗。壬申，簽雲南落落、蒲納烘等處軍萬人，隸行中書省。癸酉，太白犯井。詔取茶罕章未附種落。丁丑，立衞州至楊村水驛五。己卯，增置燕南河北道提刑按察司。以蔡州驛蒙古軍四百隸阿里海牙，漢軍六百從萬戶宋都帶赴江西。壬午，遣使招宋淮安安撫使朱煥。癸未，詔遣使江南，搜訪儒、醫、僧、道、陰陽人等。敕左丞相伯顏率諸將直趨臨安；右丞阿里海牙取湖南；蒙古萬戶宋都帶，漢軍萬戶武秀、張榮實、李恒，兵部尚書呂師夔行都元帥府，取江西。罷淮西行樞密院，以右丞阿塔海、參政董文炳同署行中書省事。辛卯，太陰犯畢。甲午，遣使持詔招諭宋李庭芝及夏貴。以伯顏爲中書右丞相，阿朮爲中書左丞相。

八月己亥〔朔〕，免北京、西京、陜西等路今歲絲銀。癸卯，伯顏陛辭南行，奉詔諭宋君臣，相率來附，則趙氏族屬可保無虞，宗廟悉許如故。授故奉使大理王君俟子如珪正八品官。己未，升任城縣爲濟州。辛酉，車駕至自上都。丙寅，高麗王王愖遣其樞密副使許珙、將軍趙珪來賀聖誕節。

九月己巳，太白犯少民。庚午，阿合馬等以軍興國用不足，請復立都轉運司九，量增課程元額，鼓鑄鐵器，官爲局賣，禁私造銅器。乙亥，賞清河、新城戰士及死事者銀千兩、鈔百錠。賜西平王所部鴨城戍兵，人馬三匹。丁丑，以襄陽官牛五千八百賜貧民。弛河南鬻馬之禁。賜東西川屯戍蒙古軍糧鈔有差。戊寅，諭太常卿合丹：「去冬享太宮，敕牲無用牛，今其復之。」己卯，太白犯太微西垣上將。壬午，阿朮築灣頭堡。乙酉，罷襄陽統軍司。甲午，宋揚州都統姜才將步騎萬五千人攻灣頭堡，阿朮、阿塔海擊敗之。賞淮安招討使〔別〕乞里迷失及有功將士錦衣銀鈔有差。〔一九〕丙申，以玉昔帖木兒爲御史大夫。括江南諸郡書版及臨安祕書省乾坤寶典等書。

冬十月戊戌朔，享于太廟。辛丑，弛北京、義、錦等處獵禁。癸丑，太陰犯畢。

十一月丁卯〔朔〕，阿里海牙以軍攻潭州。乙亥，伯顏分軍爲三，趨臨安：阿剌罕率步騎自建康、四安、廣德以出獨松嶺；董文炳率舟師循海趨許浦、澉浦，以至浙江；伯顏、阿塔海由中道節度諸軍，期並會于臨安。丙子，宋權融、宜、欽三州總管岑從毅，沿邊巡檢使、廣西節制軍馬李維屏等，詣雲南行中書省降。丁丑，阿合馬奏立諸路轉運司凡十一所。己卯，宋都帶等軍次隆興府，宋江西轉運使、知府劉槃以城降。都元帥府檄諭江西諸郡相繼歸附，得府州六、軍四、縣五十六，戶一百五萬一千八百二十九，口二百七萬六千四百。壬午，伯顏大軍至常州，督諸軍登城，四面並進，拔其城。劉師勇變服單騎南走。改順天（府）〔路〕爲保定（府）〔路〕。〔二〇〕樞密院言：「兩都、平灤獵戶新簽軍二千，皆貧無力者，宜存恤其家。」又新附郡縣有旣降復叛，及糾衆爲盜犯罪至死者，旣已款伏，乞聽權宜處決。」皆從之。中書省臣議斷死罪，詔：「今後殺人者死，問罪狀已白，不必待時，宜即行刑。其奴婢殺主者，具五刑論。」乙酉，阿剌罕克廣德，趨獨松關。丙戌，太陰犯軒轅大星。己丑，遣太常卿合丹以所獲塗金爵三，獻于太廟。庚寅，伯顏遣降人游介實奉璽書副本使于宋，仍以書諭宋大臣。甲午，以高麗國官制僭濫，遣使諭旨，凡省、院、臺、部官名爵號，與朝廷相類者改正之。

十二月戊戌，塡星犯亢。己亥，僉書四川行樞密院事昝順言：「紹慶府、施州、南平及諸蠻呂告、馬蒙、阿永等，有嚮化之心。又播州安撫楊邦憲、思州安撫田景賢，未知逆順，乞降詔使之自新，並許世紹封爵。」從之。辛丑，董文炳軍次許浦，宋都統制祁安以本軍降。宋主爲書，介國信副使嚴忠範姪煥請和。甲辰，伯顏次平江府，宋都統王邦傑以城降。乙巳，免江陵等處今歲田租。丁未，改諸站提領司爲通政院。〔二一〕戊申，中書左丞相忽都帶兒與內外文武百寮及緇黃耆庶，請上皇帝尊號曰憲天述道仁文義武大光孝皇帝，皇后曰貞懿順聖昭天睿文光應皇后，不許。太陰犯畢。庚子，〔二二〕宋主復遣尚書夏士林、右史陸秀夫奉書，稱姪乞和。西川滄溪知縣趙龍遣間使入宋，赦流遠方，籍其家。癸亥，敕樞密院：「靖州既降復叛，今已平定，其遣張通判、李信家屬幷同叛者赴都。」甲子，答宋國主書，令其來降。丙寅，阿剌罕軍次安吉州，宋安撫使趙與可以城降。升高麗東寧府爲路。割江東南康路隸江西省。〔二三〕置馬湖路總管府。省重慶路隆化縣入南川，灤州海山縣入昌黎縣。復華州鄭縣。

是歲，衞輝、太原等路旱，河間霖雨傷稼，凡賑米三千七百四十八石、粟二萬四千二百六石。天下戶四百七十六萬四千七十七。斷死罪六十八人。

校勘記

〔一〕宋宗禮　見卷七校勘記〔五〕。

〔二〕劉鐵　按本書卷五〇五行志作「劉鐵牛」，此處當脫「牛」字。本證已校。

〔三〕淮西（京）〔荆〕湖　按上文四月癸未條，元於正陽、襄陽置淮西、荆湖二行樞密院，此處「京」爲「荆」之誤，今改。類編已校。

〔四〕御藥院　按本書卷八八百官志，元有御藥院與御藥局，二者職掌不同，前者置於至元六年，後者置於至元十年。此「御藥院」疑係「御藥局」之誤。

〔五〕邊居（義）〔誼〕　據本書卷一二七伯顏傳及宋史卷四五〇邊居誼傳改。下同。類編已校。

〔六〕（荆）〔京〕湖宣撫朱禩孫　按宋史卷四七瀛國公紀，咸淳十年七月辛卯，以朱禩孫爲京湖四川宣撫使兼知江陵府。此處「京」誤爲「荆」，今改。下同。續通鑑已校。

〔七〕李居（素）〔壽〕　見卷五校勘記〔二七〕。

〔八〕(左)〔右〕衞指揮副使鄭溫　據本書卷一五四鄭溫傳及常山貞石志卷一九鄭溫神道碑銘改。本證已校。

〔九〕雲南總管信苴日　按本書卷一六六信苴日傳，至元十一年，「以信苴日爲大理總管」。雲南係行省，大理爲其一路。新元史作「大理總管」，是。

〔一〇〕淮(南)〔東〕都元帥　按本書卷一二一博羅歡傳、卷一二七伯顏傳均作「淮東都元帥」，據改。本證已校。

〔一一〕中書右丞阿里左(右)副都元帥　按下文至元十三年十月戊子條有「以淮東左副都元帥阿里爲平章政事」，此處「右」字衍，今删。本證已校。

〔一二〕王(善)〔喜〕　據本書卷一二七伯顏傳、卷一五六董文炳傳及宋史卷四六度宗紀咸淳九年二月癸丑條、卷四七瀛國公紀德祐元年二月壬戌條改。殿本考證已校。

〔一三〕(乙)〔己〕卯　按是月壬申朔，無乙卯日。此「乙卯」在戊寅初七日、庚辰初九日間，係己卯初八日之誤，今改。道光本已校。

〔一四〕新鎭寨　按本書卷五八地理志東平路平陰縣條及濟寧路肥城縣條均作「辛鎭寨」，疑「新」當作「辛」。

〔一五〕通判王虎臣　按宋季三朝政要卷五及錢塘遺事卷七均作「王良臣」，疑此處「虎」字有誤。本書卷一二七伯顏傳有兩王虎臣，其一爲沙洋守將，另一卽此常州通判。

〔一六〕宋郢州安撫趙孟　按宋史卷二一五至二二三宗室世系表，燕王趙德昭、秦王趙德芳十世諸孫命名皆以「孟」字排行，疑此處「孟」下有脫文。

〔一七〕瓜（州）〔洲〕　按瓜州在甘肅，瓜洲在揚州附近，此處「洲」誤爲「州」，據本書多見之文改。

〔一八〕（兀）〔禿〕魯　據上文至元九年正月丁丑、庚辰條所見「南平王禿魯」及本書卷一〇七宗室世系表改。下同。

〔一九〕〔別〕乞里迷失　據下文至元十三年七月丙辰、至元十六年正月丙子條補。本證已校。

〔二〇〕改順天（府）〔路〕爲保定（府）〔路〕　據本書卷五八地理志保定路條改。本證已校。

〔二一〕改諸站提領司爲通政院　按本書卷八八百官志、卷一〇一兵志，至元七年立諸站都統領使司，十三年改通政院，與下文至元十三年正月壬申「改都統領司爲通政院」合。本證云「提領司當作都統領司」，疑是。

〔二二〕庚子　按是月丁酉朔，庚子爲初四日，不應在戊申十二日後。本書卷一二七伯顏傳作庚申二十四日，疑「庚子」爲「庚申」之誤。

〔二三〕割江東南康路隸江西省　本證云：「案地理志，南康陞路在至元十四年，至二十二年割隸江西。紀於二十二年正月亦書分江浙行省所治南康隸江西行省，則此文當屬誤衍。」

元史卷九

本紀第九

世祖六

十三年春正月丁卯朔，克潭州，宋安撫使李芾盡室自焚死。阿里海牙分遣官屬招徠未附者，旬日間，湖南州郡相繼悉降，得府一、州六、軍二、縣四十，戶五十六萬一千一百一十二，口百五十三萬七千七百四十。伯顏軍次嘉興府，安撫劉漢傑以城降。〔一〕董文炳軍至乍浦，宋統制官劉英以本軍降。辛未，董文炳軍至海鹽，知縣事王與賢及澉浦鎮統制胡全、福建路馬步軍總管沈世隆皆降。壬申，改都統領司爲通政院，以兀良合帶等領之。立回易庫于諸路，凡十有一，掌市易幣帛諸物。敕大都路總管府和顧和買，權豪與民均輸。癸酉，宋相陳宜中遣軍器監劉庭瑞齎宋主稱藩表章，詣軍前稟議，又致宜中等書于伯顏，伯顏以書答之。乙亥，詔諭四川制置使趙定應來朝。徙大都等路獵戶戍大洪山之東，符寶郎董文忠請貧病者勿徙，從之。宋復遣監察御史劉岊齎宋主稱藩表至軍前，且致書伯顏爲宗社生靈請命。丙子，賞合兒魯帶所部將士征建都功銀鈔錦衣。丁丑，宋遣都統洪模齎陳宜中、吳堅等書，請俟宗長福王至，同詣軍前。戊寅，伯顏以軍出嘉興府，留萬戶忽都虎、千戶王禿林察戍之。劉漢傑仍爲其府安撫使。辛巳，命雲南行省給建都屯軍弓矢。軍次崇德縣，宋遣侍郎劉庭瑞、都統洪模來迓。行都元帥府宋都帶言：「江西隆興、建昌、撫州等郡雖附，而閩、廣諸州尙阻兵。乞增兵進討。」敕以襄漢軍四千俾將之。壬午，軍次長安鎭，董文炳以兵來會。宋陳宜中、吳堅等違約不至。癸未，軍次臨平鎭。甲申，次(高)〔皐〕亭山，〔二〕阿剌罕以兵來會。宋主遣其〔宗室〕保康軍承宣使尹甫、和州防禦使吉甫等，〔三〕齎傳國玉璽及降表詣軍前。其辭曰：「大宋國主㬎，謹百拜奉表于大元仁明神武皇帝陛下：臣昨嘗遣侍郎柳岳、正言洪雷震捧表馳詣闕庭，敬伸卑悃，伏計已徹聖聽。臣眇焉幼沖，遭家多難，權奸似道，背盟誤國，臣不及知，至勤興師問罪，宗社阽危，生靈可念。臣與太皇日夕憂懼，非不欲遷辟以求兩全，實以百萬生民之命寄臣一身，今天命有歸，臣將焉往。惟是世傳之鎭寶，不敢愛惜，謹奉太皇命戒，痛自貶損，削帝號，以兩浙、福建、江東西、湖南北、二廣、四川見在州郡，謹悉奉上聖朝，爲宗社生靈祈哀請命。欲望聖慈垂哀，祖母太后耄及，臥病數載，臣煢煢在疚，情有足矜，不忍臣祖宗三百年宗社遽至殞絕，曲賜裁處，特與存全，大元皇帝再生之德，則趙氏子孫世世有賴，不敢弭忘。臣無任感天望聖，激切屏營之至。」伯顏既受降表、玉璽，復遣囊加帶以趙尹甫、賈餘慶等還臨安，召宰相出議降事。乙酉，師次臨安北十五里，囊加帶、洪模以總管殷俊來報，宋陳宜中、張世傑、蘇劉義、劉師勇等挾益、廣二王出嘉會門，渡浙江遁去，惟太皇太后、嗣君在宮。伯顏亟使諭阿剌罕、董文炳、范文虎率諸軍先據守錢塘口，以勁兵五千人追陳宜中等，過浙江不及而還。丙戌，伯顏下令禁軍士入城，違者以軍法從事。遣呂文煥齎黃榜安諭臨安中外軍民，俾按堵如故。時宋三司衞兵白晝殺人，張世傑部曲尤橫閭里，小民乘時剽殺。令下，民大悅。伯顏又遣宣撫程鵬飛，計議孫鼎亨、囊加帶、洪君祥入宮，安諭太皇謝氏。丁亥，雲南行省賽典赤，以改定雲南諸路名號來上。又言雲南貿易與中州不同，鈔法實所未諳，莫若以交會、𧴩子公私通行，庶爲民便。並從之。戊子，中書省臣言：「王孝忠等以罪命往八答山採寶玉自效，道經沙州，值火忽叛，孝忠等自拔來歸，令於瓜、沙等處屯田。」從之。大名路達魯花赤小鈐部坐姦贓伏誅，沒其家。宋主祖母謝氏遣其丞相吳堅、文天祥，樞密謝堂，安撫賈餘慶，中貴鄧惟善來見伯顏於明因寺。伯顏顧文天祥舉動不常，疑有異志，遂令萬戶忙古帶、宣撫唆都羈留軍中。且以其降表不稱臣，仍書宋號，遣程鵬飛、洪君祥偕來使賈餘慶復往易之。己丑，軍次湖州市。遣千戶囊加帶、省掾王祐，齎傳國玉璽赴闕。敕高麗國以有官子弟爲質。中書省臣言：「賦民舊籍已有定額，至元七年新括協濟合併戶，爲數凡二十萬五千一百八十。」敕減今歲絲賦之半。庚寅，伯顏建大將旗鼓，率左右翼萬戶巡臨安城，觀潮浙江，於是宋宗室大臣以次來見，暮還湖州市。辛卯，張弘範、孟祺、程鵬飛齎所易宋主稱臣降表至軍前。甲午，復薊州平谷縣。立隨路都轉運司，仍詔諭諸處管民官。以瓮吉剌帶丑漢所部軍五百戍哈答城，不吉帶所部軍六百移戍建都，其兀兒秃、唐忽軍前在建都者，並遣還翼。穿濟州漕渠。以眞定總管昔班爲中書右丞。

二月丁酉〔朔〕，詔劉頡、程德輝招淮西制置使夏貴。己亥，克臨江軍。庚子，宋主㬎率文武百僚詣祥曦殿，望闕上表，乞爲藩輔；遣右丞相兼樞密使賈餘慶、樞密使謝堂、端明殿學士僉樞密院事家鉉翁、端明殿學士同僉樞密院事劉岊奉表以聞。宋主祖母太皇太后亦奉表及牋。是日宋文武百司出臨安府，詣行中書省，各以其職來見。行省承制以臨安爲兩浙大都督府，都督忙古帶、范文虎入城視事。辛丑，伯顏令張惠、阿剌罕、董文炳、左右司官石天麟、楊晦等入城，取軍民錢穀之數，閱實倉庫，收百官誥命符印，悉罷宋官府，散免侍衞禁軍。宋主㬎遣其右丞相賈餘慶等充祈請使，詣闕請命，右丞相命吳堅、文天祥同行。行中書省右丞相伯顏等，以宋主㬎舉國內附，具表稱賀。兩浙路得府八、州六、軍一、縣八十一，戶二百九十八萬三千六百七十二，口五百六十九萬二千六百五十。丁未，詔諭臨安新附府州司縣官吏士民軍卒人等曰：

問者，行中書省右丞相伯顔遣使來奏，宋母后、幼主曁諸大臣百官，已於正月十八日齎璽綬奉表降附。朕惟自古降王必有朝覲之禮，已遣使特往迎致。爾等各守職業，其勿妄生疑畏。凡歸附前犯罪，悉從原免；公私逋欠，不得徵理。應抗拒王師及逃亡嘯聚者，並赦其罪。百官有司、諸王邸第、三學、寺、監、祕省、史舘及禁衞諸司，各宜安居。所在山林河泊，除巨木花果外，餘物權免徵稅。祕書省圖書，太常寺祭器、樂器、法服、樂工、鹵簿、儀衞，宗正譜牒，天文地理圖册，凡典故文字，幷戶口版籍，盡仰收拾。前代聖賢之後，高尚儒、醫、僧、道、卜筮，通曉天文曆數，幷山林隱逸名士，仰所在官司，具以名聞。名山大川，寺觀廟宇，幷前代名人遺迹，不許拆毁。鰥寡孤獨不能自存之人，量加贍給。

伯顔就遣宋內侍王埜入宮，收宋國衮冕、圭璧、符璽及宮中圖籍、寶玩、車輅、輦乘、鹵簿、麾仗等物。戊申，立浙東西宣慰司於臨安，以戶部尚書麥歸、祕書監焦友直爲宣慰使，吏部侍郎楊居寬同知宣慰司事，並兼知臨安府事。乙卯，詔諭淮東制置使李庭芝、淮西制置使夏貴及所轄州軍縣鎭官吏軍民。丁巳，命焦友直括宋祕書省禁書圖籍。戊午，祀先農東郊。淮西制置夏貴以淮西諸郡來降，唯鎭巢軍復叛，貴遣使招之，守將洪福殺其使，貴親至城下，福始降，阿朮斬之軍中。淮西路得府二、州六、軍四、縣三十四，戶五十一萬三千八百二十七，口一百二萬一千三百四十九。庚申，召伯顏偕宋君臣入朝。辛酉，車駕幸上都。設資戒大會于順德府開元寺。伯顏遣不伯、周青招泉州蒲壽庚、壽晟兄弟。甲子，董文炳、唆都發宋隨朝文士劉褎然及三學諸生赴京師。太學生徐應鑣父子四人同赴井死。帝既平宋，召宋諸將問曰：「爾等何降之易耶？」對曰：「宋有強臣賈似道擅國柄，每優禮文士，而獨輕武官。臣等久積不平，心離體解，所以望風而送款也。」帝命董文忠答之曰：「借使似道實輕汝曹，特似道一人之過耳，且汝主何負焉。正如所言，則似道之輕汝也固宜。」

三月丁卯，命樞密副使張易兼知祕書監事。伯顏入臨安，遣郎中孟祺籍宋太廟四祖殿，景靈宮禮樂器、册寶暨郊天儀仗，及祕書省、國子監、國史院、學士院、太常寺圖書祭器樂器等物。戊辰，括江南已附州郡軍器。甲戌，阿朮遣使報廬州夏貴已降，文天祥自鎮江遁去，追之弗獲。荊湖南路行中書省言：「潭州既定，湖南州郡降者相繼，卽分命諸將鎮守其地。」從之。宋福王與芮自浙東至伯顏軍中。以獨松關守將張濡嘗殺奉使廉希賢，斬之，籍其家。乙亥，伯顏等發臨安。丁丑，阿塔海、阿剌罕、董文炳詣宋主宮，趣宋主㬎同太后入覲。郎中孟祺奉詔宣讀，至「免繫頸牽羊」之語，太后全氏聞之泣，謂宋主㬎曰：「荷天子聖慈活汝，當望闕拜謝。」宋主㬎拜畢，子母皆肩輿出宮，唯太皇太后謝氏以疾留。戊寅，敕諸路儒戶通文學者三千八百九十，並免其徭役；其富實以儒戶避役者爲民；貧乏者五百戶，隸太常寺。敕淮西廬州置總管萬戶府，以中書右丞、河南等路宣慰使合剌合孫、襄陽管軍萬戶邸浹並行府事。庚辰，囊加帶以宋玉璽來上。乙酉，贛、吉、袁、南安四郡內附。庚寅，賜郡王(瓜)〔爪〕都銀印。〔四〕敕上都和顧和買並依大都例。以中書右丞昔班爲戶部尙書。

閏月丙申〔朔〕，置宣慰司於濟寧路，掌印造交鈔，供給江南軍儲。以前西夏中興僉行中書省事暗都剌卽思、大都路總管張守智並爲宣慰使。東川行樞密院總帥汪惟正略地涪州，克山寨谿洞凡二十有三所。丁酉，召湖廣阿里海牙、忽都帖木兒赴闕，令脫擦忽魯禿花、崔斌並留後鄂州。辛亥，命副樞張易遣宋降臣吳堅、夏貴等赴上都。戊午，淮西萬戶府招降方山等六寨。甲子，禁西番僧持軍器。以中書省左右司郞中郝禎參知政事。

夏四月乙丑朔，阿朮以宋高郵、寶應嘗餽餉揚州，遣蒙古軍將苫徹及史弼等守之。別遣都元帥孛魯歡等攻泰州之新城。丁卯，賜諸王都魯金印。戊辰，以河南兵事未息，開元路民饑，並弛正月五月屠殺之禁。庚午，敕南商貿易京師者毋禁。辛未，行江西都元帥宋都帶以應詔儒生醫卜士鄭夢得等六人進，敕隸祕書監。丙子，省東川行樞密院及成都經略司，以其事入西川行院。復石人山寨居民于信陽軍。免大都醫戶至元十二年絲銀。己卯，以侍衞親軍征戍歲久，放令還家，期六月，各歸其軍。庚辰，以水達達分地歲輸皮革，自今並入上都。壬午，召嗣漢天師張宗演赴闕。乙酉，召昭文舘大學士姚樞、翰林學士王磐、翰林侍講學士徒單公履赴上都。庚寅，修太廟。以北京行中書省廉希憲爲中書右丞，行中書省事于荊南府。

五月乙未朔，伯顏以宋主㬎至上都，制授㬎開府儀同三司、檢校大司徒，封瀛國公。以平宋，遣官告天地、祖宗於上都之近郊。遣使代祀嶽瀆。己亥，伯顏請罷兩浙宣慰司，以忙古帶、范文虎仍行兩浙大都督府事，從之。庚子，定度量。壬寅，宋三學生四十六人至京師。癸卯，復沂、莒、膠、密、寧海五州所括民爲防城軍者爲民，免其租徭二年。乙巳，賜伯顏所部有功將校銀二萬四千六百兩。阿朮遣總管陳傑攻拔泰州之新城，遣萬戶烏馬兒守之，以偪泰州。丁未，宋揚州都統姜才攻灣頭堡，阿里別擊走之，殺其步騎四百人，右衛親軍千戶董士元戰死。戊申，宋馮都統等自眞州率兵二千、戰船百艘襲瓜(州)〔洲〕，〔三〕阿朮遣萬戶昔里罕、阿塔赤等出戰，大敗之，追至珠金沙，得船七十七艘，馮都統等赴水死。改博州爲東昌路。己酉，括獵戶、鷹坊戶爲兵。乙卯，靖州張州判及李信、李發焚其城，退保飛山新城，行中書省發兵攻殺之，徙其黨及家屬于大都。宋江西制置黃萬石率其軍來附，敕令入覲。辛酉，安西王相府請頒詔招合州張珏，不從。癸亥，陞異樣局爲總管府，秩三品。

六月甲子朔，敕新附三衞兵之老弱者，放還其家。己巳，以孔子五十三世孫曲阜縣尹孔治兼權主祀事。命東征元帥府選襄陽生券軍五百，充侍衞軍。置行戶部于大名府，掌印造交鈔，通江南貿易。庚午，敕西京僧、道、也里可溫、答失蠻等有室家者，與民一體輸賦。辛未，命阿里海牙出征廣西，請益兵，選軍三萬俾將之。壬申，罷兩浙大都督府。立行尙書省於鄂州、臨安。〔六〕設諸路宣慰司，以行省官爲之，並帶相銜，其立行省者，不立宣慰司。甲戌，以大明曆浸差，命太子贊善王恂與江南日官置局更造新曆，以樞密副使張易董其事。易、恂奏：「今之曆家，徒知曆術，罕明曆理，宜得者儒如許衡者商訂。」詔衡赴京師。宋揚州姜才夜率步騎數千趨丁村堡，守將史弼、苫徹出戰，斬首百餘級，獲馬四十匹。詰旦，阿里、都督陳巖以灣頭堡兵邀其後，伯顏察兒踵至，所將皆阿朮麾下兵，姜才軍遙望旗幟，亟走，遂大破之，獲米五千餘石。阿朮又以宋人高郵水路不通，必由陸路餽運，千戶也先忽都以千騎邀之，數日米運果來，殺負米卒數千，獲米三千石。戊寅，詔作平金、平宋錄，及諸國臣服傳記，仍命平章軍國重事耶律鑄監修國史。戊子，樞密院上言：「陳宜中、張世傑聚兵福建以攻我師，江西都元帥宋都帶求援。」命以安慶、蘄、黃等郡宿兵，付宋都帶將之。己丑，宋都帶言福建魏天祐、游義榮棄家來附，以天祐爲管軍總管兼知邵武軍事，義榮遙授建寧路同知，充管軍千戶。壬辰，下詔招諭宋揚州制置李庭芝以次軍官，及通、泰、眞、滁、高郵大小官員。又詔諭陳宜中、張世傑、蘇劉義、劉師勇等使降。李庭芝留朱煥守揚州，與姜才率步騎五千東走，阿朮親率百餘騎馳去，督右丞阿里、萬戶劉國傑分道追及泰州西，殺步卒千人，庭芝等僅得入，遂築長圍塹而守之，阿朮獨當東南面，斷其走路。以戶部尚書張澍參知政事，行中書省事于北京。

秋七月乙未，行中書省左右司郎中孟祺，以亡宋金玉寶及牌印來上，命太府監收之。丙申，淮安、寶應民流寓邳州者萬餘口，聽還其家。丁酉，宋涪州觀察陽立子嗣榮，請降詔招諭其父，從之。戊戌，陞閬州爲保寧府。敕山丹城直隸省部，以達魯花赤行者仍領之。壬寅，以李庭出征，賞其部將李承慶等，鈔、馬、衣服、甲仗有差。乙巳，朱煥以揚州降。丁未，詔諭廣西路靜江府等大小州城官吏使降。甲寅，賜諸王孛羅印。以楊村至浮鷄泊，漕渠迴遠，改從孫家務。乙卯，宋泰州守將孫良臣與李庭芝帳下卒劉發、鄭俊開北門以降，執李庭芝、姜才，繫揚州獄。丙辰，阿朮以總管烏馬兒等守泰州，其通、滁、高郵等處相繼來附。淮東路得州十六、縣三十三，戶五十四萬二千六百二十四，口一百八萬三千二百一十七。遣使持香幣祠嶽瀆后土。以中書右丞阿里海牙爲平章政事，僉書樞密院事、淮東行樞密院別乞里迷失爲中書右丞，參知政事董文炳爲中書左丞，淮東左副都元帥塔出、兩浙大都督范文虎、江東江西大都督知江州呂師夔、淮東淮西左副都元帥陳巖並參知政事。

八月己巳，穿武清蒙村漕渠。敕漢軍都元帥闊闊帶、李庭將侍衛軍二千人西征。陞瀘陰縣爲瀞州。乙亥，斬宋淮東制置使李庭芝、都統姜才于揚州市。庚辰，罷襄陽統軍司。車駕至自上都。遣太常卿脫忽思以銅爵一、豆二，獻于太廟。以四萬戶總管奧魯赤參知政事。

九月壬辰朔，命國師益憐眞作佛事于太廟。己亥，享于太廟，常饌外，益野豕、鹿、羊、蒲萄酒。庚子，命姚樞、王磐選宋三學生之有實學者留京師，餘聽還家。辛丑，遣瀘州屯田軍四千，轉漕重慶。癸卯，以平宋赦天下。乙巳，高麗國王王愖上參議中讚金方慶功，授虎符。丙午，敕常德府歲貢包茅。丁未，諭西川行樞密院移檄重慶，俾內附。命有司隳沿淮城壘。辛亥，太白犯南斗。甲寅，太白入南斗。乙卯，以吐蕃合答城爲寧遠府。辛酉，召宋宗臣鄂州教授趙與(票)〔票〕赴闕。〔七〕設資戒會于京師。阿朮入覲。江淮及浙東西、湖南北等路，得府三十七、州一百二十八、關一、監一、縣七百三十三，戶九百三十七萬四百七十二，口千九百七十二萬一千一十五。

冬十月甲子，以陳巖拔新城、丁村功，賜金五十兩，部將劉忠等賜銀有差。乙亥，賜皇子北平王出征軍士貧乏者羊馬幣帛有差。申明以良爲娼之禁。丁亥，兩浙宣撫使焦友直以臨安經籍、圖畫、陰陽祕書來上。戊子，淮西安撫使夏貴請入覲，乞令其孫貽孫權領宣撫司事，從之。以淮東左副都元帥阿里爲平章政事，河南等路宣慰使合剌合孫爲中書右丞，兵部尚書王儀、吏部尚書兼臨安府安撫使楊鎮、河南河北道提刑按察使迷里忽辛並參知政事。參知政事陳巖行中書省事于淮東。

十一月癸巳，安西王所部軍克萬州。丙午，賜阿朮所部有功將士二百三十九人各銀二百五十兩。西川行院忽敦言：「所部軍士久圍重慶，逃亡者衆，乞益軍一萬，幷降詔招誘逋民之在大良平者。」並從之。壬子，賜龍答溫軍有功及死事者銀鈔有差。癸丑，併省內外諸司。丁卯，〔八〕太陰犯塡星。庚申，敕管民及理財之官由中書銓調，軍官由樞密院定議。隳襄漢、荆湖諸城。南平招撫使兼知峽州事趙眞，請降詔招諭夔州安撫張起巖，從之。高麗國王王愖遣其臣判祕書寺朱悅，來告更名（睶）〔賰〕。〔九〕

十二月辛（卯）〔酉〕朔，〔一〇〕熒惑掩鈎鈐。以十四年曆日賜高麗。丁卯，改雲南蘿葡甸爲元江府路。辛未，賜塔海所部戰士及死事者銀鈔有差。賜忽不來等戰功十九人銀千二百兩。壬申，李思敬告運使姜毅所言悖妄，指毅妻子爲證。帝曰：「妻子豈爲證者耶？」詔勿問。乙亥，定江南所設官府。辛巳，以軍士圍守崇慶勞苦，〔一一〕賜鈔六千錠。庚寅，詔諭浙東西、江東西、淮東西、湖南北府州軍縣官吏軍民：「昔以萬戶、千戶漁奪其民，致令逃散，今悉以人民歸之元籍州縣。凡管軍將校及宋官吏，有以勢力奪民田廬產業者，俾各歸其主，無主則以給附近人民之無生產者。其田租商稅、茶鹽酒醋、金銀鐵冶、竹貨湖泊課程，從實辦之。凡故宋繁冗科差、聖節上供、經總制錢等百有餘件，悉除免之。」伯顏言：「張惠守宋府庫，不俟命擅啓管鑰。」詔阿朮詰其事，仍諭江之東西、浙之東西、淮之東西官吏等，檢覈新舊錢穀。除浙西、浙東、江西、江東、湖北五道宣慰使。陞江陵爲上路。瑞安府仍爲溫州。〔三〕隴州爲散府。薊州復置豐閏縣。陞臨洮渭源堡爲縣。賜諸王金、銀、幣、帛如歲例。賜諸王乃蠻帶等羊馬價。賞阿朮等戰功，及賜降臣吳堅、夏貴等銀、鈔、幣、帛各有差。賜伯顏、阿朮等青鼠、銀鼠、黃鼬只孫衣，餘功臣賜豹裘、獐裘及皮衣帽各有差。

是歲，東平、濟南、泰安、德州、漣海、清河、平灤、西京西三州以水旱缺食，賑軍民站戶米二十二萬五千五百六十石，粟四萬七千七百十二石，鈔四千二百八十二錠有奇。平陽路旱，濟寧路及高麗瀋州水，並免今年田租。斷死罪三十四人。

十四年春正月癸巳，行都元帥府軍次廣東，知循州劉興以城降。丙申，以江南平，百姓疲於供軍，免諸路今歲所納絲銀。賜嗣漢天師張宗演演道靈應冲和眞人，領江南諸路道教。戊戌，高麗金方慶等爲亂，命高麗王治之，仍命忻都、洪茶丘飭兵禦備。癸卯，復立諸道提刑按察司。甲辰，命阿朮選銳軍萬人赴闕。丁未，知梅州錢榮之以城降。戊申，賜三衞軍士之貧乏者八千三百五十二人各鈔二錠、幣十四。己酉，賜耶律鑄鈔千錠。甲寅，赦宋福王趙與芮家貲之在杭、越者，有司輦至京師，付其家。丙辰，立建都、羅羅斯四路，守戍烏木等處，並置官屬。己未，以白玉碧玉水晶爵六，獻于太廟。括上都、隆興、北京、西京四路獵戶二千爲兵。置江淮等路都轉運鹽使司，及江淮榷茶都轉運使司。命嗣漢天師張宗演修周天醮于長春宮，宗演還江南，以其弟子張留孫留京師。

二月辛酉，命征東都元帥洪茶丘將兵二千赴上都。壬戌，瑞州安撫姚文龍率張文顯來降，其家屬爲宋人所害，賜文龍、文顯等鈔有差。癸亥，彗星出東北，長四尺餘。甲子，遣使代祀嶽瀆后土。丙寅，改安西王傅銅印爲銀印。立永昌路山丹城等驛，仍給鈔千錠爲本，俾取息以給驛傳之須。諸王只必鐵木兒言：「永昌路驛百二十戶，疲於供給，質妻孥以應役。」詔賜鈔百八十錠贖還之。丁卯，荆湖北道宣慰使塔海拔歸州山寨四十七所。戊辰，祀先農東郊。甲戌，西川行院不花率衆數萬至重慶，營浮屠關，造梯衝將攻之，其夜都統趙安以城降。張珏艤船江中，與其妻妾順流走涪州，元帥張德潤以舟師邀之，珏遂降。車駕幸上都。辛巳，命北京選福住所統軍三百赴上都。壬午，隳吉、撫二州城，隆興濱西江，姑存之。仍選汀州軍馬守禦瑞金縣。丙戌，連州守過元龍已降復叛，塔海將兵討之，元龍棄城遁。丁亥，知南恩州陳堯道、僉判林叔虎以城降。詔以僧亢吉祥、怜眞加加瓦並爲江南總攝，掌釋教，除僧租賦，禁擾寺宇者。以大司農、御史大夫、宣徽使兼領侍儀司事孛羅爲樞密副使，僉宣徽使，領侍儀司事。

三月庚寅朔，以冬無雨雪，春澤未繼，遣使問便民之事於翰林國史院，耶律鑄、姚樞、王磐、竇默等對曰：「足食之道，唯節浮費，靡穀之多，無踰醪醴麴蘖。況自周、漢以來，嘗有明禁。祈賽神社，費亦不貲，宜一切禁止。」從之。辛卯，湖廣行中書省言：「廣西二十四郡並已內附，議復行中書省于潭州，置廣南西路宣撫司於靜江。」詔鄭鼎所將侍衞軍萬人還京師，崔斌、阿里海牙同駐靜江，忽都鐵木兒、鄭鼎同駐鄂漢，賈居貞、脫博忽魯禿花同駐潭州。癸巳，以行都水監僉行漕運司事。甲午，以鄭鼎所部軍士撫定靜江之勞，命還家少休，期六月赴上都。乙未，福建漳、泉二郡蒲壽庚、印德傅、李珏、李公度皆以城降。丁酉，括馬三萬二千二百六匹，孕駒者還其主。壬寅，廣東肇慶府新封等州皆來降。癸卯，壽昌府張之綱以從叛棄市。乙巳，命中外軍民官所佩金銀符，以色組繫于肩腋，庶無褻瀆，具爲令。庚戌，建寧府通判郭纘以城降。黃州歸附官史勝入覲，以所部將校于躍等三十一人戰功聞，命官之。僉書東西川行樞密院事昝順言：「比遣同知隆州事趙孟烯齎詔招諭南平軍都掌蠻、羅計蠻及鳳凰、中壠、羅韋、高崖等四寨皆降。田、楊二家、豕鵝夷民，亦各遣使納款。」壬子，寶應軍人施福殺其守將，降于淮東都元帥府，詔以福爲千戶，佩金符。癸丑，命汪惟正自東川移鎮鞏昌。行中書省承制，以閩浙溫、處、台、福、泉、汀、漳、劍、建寧、邵武、興化等郡降官，各治其郡。潭州行省遣使上言：「廣南西路慶遠、鬱林、昭、賀、藤、梧、融、賓、柳、象、邕、廉、容、貴、潯皆降，得府一、州十四。」復立襄陽府襄陽縣。平章政事、浙西道宣慰使阿塔海爲平章政事，行中書省事於江淮；郡王合答爲平章政事，行中書省事於北京。

夏四月甲子，宋特磨道將軍農士貴、知安平州李(惟)〔維〕屏、〔三〕知來安州岑從毅等，以所屬州縣溪洞百四十七、戶二十五萬六千來附。癸酉，省各路轉運司，事入總管府。設鹽轉運司四。置榷場於碉門、黎州，與吐蕃貿易。丙子，召安撫趙與可、宣撫陳巖入覲。丙戌，禁江南行用銅錢。均州復立南漳縣。

五月癸巳，申嚴大都酒禁，犯者籍其家貲，散之貧民。辛丑，千戶合剌合孫死於渾都海之戰，命其子忽都帶兒襲職。癸卯，改廣南西路宣撫司爲宣慰司。廣西欽、橫二州改立安撫司。各道提刑按察司兼勸農事。敕江南歸附官，三品以上者遣質子一人入侍。西番長阿立丁甯占等三十一族來附，得戶四萬七百。丙子，融州安撫使譚昌謀爲不軌，伏誅。辛亥，以河南、山東水旱，除河泊課，聽民自漁。乙卯，選蒙古、漢軍相參宿衞。詔諭思州安撫使田景賢。又詔諭瀘州西南番蠻王阿永，筠連、騰串等處諸族蠻夷，使其來附。命眞人李德和代祀濟瀆。

六月丙寅，涪州安撫陽立及其子嗣榮相繼來附，命立爲夔路安撫使，嗣榮爲管軍總管，並佩虎符，仍賜鈔百錠。壬寅，〔一四〕賞征廣戰死之家銀各五十兩。丁丑，置尙膳院，秩三品，以提點尙食、尙藥局忽林失爲尙膳使，其屬司有七。庚辰，賞陽立所部戰士鈔千錠。甲申，荆湖北道宣慰使黑的得諜者，言夔府將出兵攻荆南。諭陽立等與塔海會兵禦之。丁亥，陞崇明沙爲崇明州。以行省參政、行江東道宣慰使阿剌罕爲中書左丞、行江東道宣慰使，湖北道宣慰使奧魯赤參知政事、行湖北道宣慰使。

秋七月戊子朔，罷大名、濟寧印鈔局。壬辰，敕犯盜者皆棄市。符寶郎董文忠言：「盜有强竊，贓有多寡，似難悉置于法。」帝然其言，遽命止之。丁酉，敕自今非佩符使臣及軍情急速，不聽乘傳。戊戌，申禁羊馬羣之在北者，八月內毋縱出北口諸隘踐食京畿之禾，犯者沒其畜。癸卯，諸王昔里吉劫北平王于阿力麻里之地，械繫右丞相安童，誘脅諸王以叛，使通好于海都。海都弗納，東道諸王亦弗從，遂率西道諸王至和林城北。詔右丞相伯顏帥軍往禦之。諸王忽魯帶率其屬來歸，與右丞相伯顏等軍合。丙午，置行御史臺于揚州，以都元帥相威爲御史大夫。置八道提刑按察司。戊申，東川都元帥張德潤等攻取涪州，大敗之，擒安撫程聰、陳廣。置行中書省于江西，以參知政事、行江西宣慰使塔出爲右丞，參知政事、行江西宣慰使麥朮丁爲左丞，淮東宣慰使徹里帖木兒、江東宣慰使張榮實、江西宣慰使李恒、招討使也的迷失、萬戶昔里門、荆湖路宣撫使程鵬飛、閩廣大都督兵馬招討使蒲壽庚並參知政事，行江西省事。壬子，榷大都商稅。丁巳，湖北宣慰司調兵攻司空山，復壽昌、黃州二郡。賜平宋將帥軍士及簡州軍士廣西死事者銀鈔各有差。回水窩淵聖廣源王加封善佑，常山靈濟昭應王加封廣惠，安丘雹泉靈霈侯追封靈霈公。以參知政事、行江東道宣慰使呂文煥爲中書左丞。

八月戊午朔，詔不花行院西川。丁卯，成都路倉收羨餘五千石，按察司已治其罪，命以其米就給西川兵。辛未，常德府總管魯希文與李三俊結搆爲亂，事覺，命行省誅之。車駕畋于上都之北。

九月壬辰，製鑌鐵海青圓符。丙申，廣南東路廣、連、韶、德慶、惠、潮、南雄、英德等郡皆內附。甲辰，福建行省以宋二王在其疆境，調都督忙兀帶、招討高興領兵討之。昂吉兒、忻都、唐兀帶等引兵攻司空山寨，破之，殺張德興，執其三子以歸。壬子，福建路宣慰使、行征南都元帥唆都，遣招討使百家奴、丁廣取建寧之崇安等縣及南劍州。

冬十月丙辰朔，日有食之。己未，享于太廟。庚申，湖北宣慰使塔海略地至夔府之太原坪，禽其將，誅之。辛酉，弛蓋州獵禁。乙亥，以宋張世傑、文天祥猶未降，命阿塔海選銳兵防遏隆興諸城。禁無籍軍隨大軍剽掠者，勿過關渡。己卯，降臣郭曉、魏象祖入覲，賜幣帛有差。壬午，置宣慰司于黃州。甲申，播州安撫使楊邦憲言：「本族自唐至宋，世守此土，將五百年。昨奉旨許令仍舊，乞降璽書。」從之。以行省參政忽都帖木兒、脫博忽魯禿花、崔斌並爲中書左丞，鄂州總管府達魯花赤張鼎、湖北道宣慰使賈居貞並參知政事。

十一月戊子，樞密院臣言：「宋文天祥與其徒趙孟瀅同起兵，行中書發兵攻之，殺孟瀅，天祥僅以身免。」詔以其妻孥赴京師。右副都元帥張德潤上涪州功，賜鈔千錠。乙未，凡僞造寶鈔、同情者並處死，分用者減死杖之，具爲令。庚子，命中書省檄諭中外，江南既平，宋宜曰亡宋，行在宜曰杭州。以吏部尚書別都魯丁參知政事。

十二月丙辰，置中灤、唐村、淇門驛。丁卯，以大都物價翔踴，發官廩萬石，賑糶貧民。庚午，梁山軍袁世安以其城及金石城軍民來降。壬申，潭州行省復(祈)〔祁〕陽縣。〔一五〕斬首賊羅飛，餘黨悉平。乙亥，都元帥楊文安攻咸淳府克之。以十五年曆日賜高麗國。以參議中書省事耿仁參知政事。冠州及永年縣水，免今年田租。導任河，復民田三千餘頃。賜諸王金、銀、幣、帛等物如歲例。賜諸王也不干、燕帖木兒等五百二十九人羊馬價，鈔八千四百五十二錠。賞拜答兒等千三百五十五人戰功，金百兩、銀萬五千一百兩、鈔百三十錠及納失失、金素幣帛、貂鼠豹裘、衣帽有差。

是歲，賑東平、濟南等郡饑民，米二萬一千六百十七石、粟二萬八千六百十三石、鈔萬一百十二錠。斷死罪三十二人。

校勘記

〔一〕劉漢傑以城降　按宋史卷四七瀛國公紀及平宋錄，劉漢傑之降在正月己巳，此處紀日有脫誤。新元史作「己巳」，宋安撫使劉漢傑以嘉興府降」，是。

〔二〕（高）〔皐〕亭山　據本書卷一二二唵木海傳、卷一二七伯顏傳、卷一二九唆都傳改。續編已校。

〔三〕宋主遣其〔宗室〕保康軍承宣使尹甫和州防禦使吉甫　本書卷一二七伯顏傳有「宋主遣知臨安府事賈餘慶同宗室保康軍承宣使尹甫、和州防禦使吉甫奉傳國璽及降表詣軍前」，據補。按此處不書「趙」姓，顯脫「宗室」二字。蒙史已校。

〔四〕（瓜）〔爪〕都　見卷五校勘記〔三〕。

〔五〕瓜（州）〔洲〕　見卷八校勘記〔一七〕。

〔六〕行尚書省　按是時行尚書省已改爲行中書省，此處「中」當作「尚」。蒙史已校。

〔七〕趙與（粟）〔票〕　據本書卷一六八趙與票傳改。道光本已校。

〔八〕丁卯　按是月辛卯朔，無丁卯日。此「丁卯」在癸丑二十三日、庚申三十日間，類編改作「乙卯」，即二十五日，疑是。

〔九〕王（睶）〔賰〕　據下文至元二十八年五月己未條及高麗史卷二八忠烈王世家改。下同。

〔一〇〕十二月辛(卯)〔酉〕朔　按十一月辛卯朔，三十日庚申，十二月無辛卯日，「卯」爲「酉」之誤，今改。類編已校。

〔一一〕以軍士圍守崇慶勞苦　按宋亡，制置使張珏守重慶，城至至元十四年二月始爲元有。元軍師老兵疲，故上文十一月丙午條有「軍士久圍重慶，逃亡者衆」。續編改「崇慶」爲「重慶」，疑是。

〔一二〕瑞安府仍爲溫州　按本書卷六二地理志，至元十三年置溫州路。此處「溫州」下疑脫「路」字。

〔一三〕李(惟)〔維〕屏　據上文至元十二年十一月丙子條及本書卷一六七張立道傳改。蒙史已校。

〔一四〕壬寅　按是月己未朔，無壬寅日。此「壬寅」在丙寅初八日、丁丑十九日間，當係壬申十四日之誤。

〔一五〕(祈)〔祁〕陽縣　從北監本改。

元史卷十

本紀第十

世祖七

十五年春正月辛卯，阿老瓦丁將兵戍斡端，給米三千石、鈔三十錠。以千戶鄭鄴有戰功，陞萬戶，佩虎符。癸巳，西京饑，發粟一萬石賑之，仍諭阿合馬廣貯積，以備闕乏。順德府總管張文煥、太原府達魯花赤太不花，以按察司發其姦贓，遣人詣省自首，反以罪誣按察司。御史臺臣奏：「按察司設果有罪，不應因事而告，宜待文煥等事決，方聽其訴。」從之。己亥，收括闌遺官也先、闊闊帶等坐易官馬、闌遺人畜，免其罪，以諸路州縣管民官兼領其事。官吏隱匿及擅易馬匹、私配婦人者，沒其家。禁官吏軍民賣所娶江南良家子女及爲娼者，賣、買者兩罪之，官沒其直，人復爲良。賜湖州長興縣金沙泉名爲瑞應泉。金沙泉不常出。唐時用此水造紫筍茶進貢，有司具牲幣祭之，始得水，事訖輒涸。宋末屢加浚治，泉迄不出。至是中書省遣官致祭，一夕水溢，可溉田千畝。安撫司以事聞，故賜今名。封磁州神崔府君爲齊聖廣佑王。壬寅，弛女直、水達達酒禁。丙午，安西王相府言：「萬戶禿滿答兒、郝札剌不花等攻克瀘州，斬其主將王世昌、李都統。」戊申，從阿合馬請，自今御史臺非白于省，毋擅召倉庫吏，亦毋究錢穀數，及集議中書不至者罪之。授宋福王趙與芮金紫光祿大夫、檢校大司農、平原郡公。庚戌，東川副都元帥張德(閏)〔潤〕大敗涪州兵，〔一〕斬州將王明及其子忠訓、總轄韓文廣、張遇春。詔軍官不能撫治軍士及役擾致逃亡者，沒其家貲之半。以阿你哥爲大司徒，兼領將作院。

二月戊午，祀先農。蒙古胄子代耕籍田。癸亥，咸淳府等郡及〔大〕良平民戶饑，〔二〕以鈔千錠賑之。命平章政事阿塔海、阿里選擇江南廉能之官，去其冗員與不勝任者。復立河中府萬泉縣。辛未，以川蜀地多嵐瘴，弛酒禁。丁丑，熒惑犯天街。庚辰，征別十八里軍士，免其徭役。壬午，參知政事、福建路宣慰使唆都率師攻潮州，破之。置太史院，命太子贊善王恂掌院事，工部郎中郭守敬副之，集賢大學士兼國子祭酒許衡領焉。改華亭縣爲松江府。〔三〕遣使代祀嶽瀆。以參知政事夏貴、范文虎、陳巖並爲中書左丞，黃州路宣慰使唐兀帶、史弼並參知政事。

三月乙酉，詔蒙古帶、唆都、蒲壽庚行中書省事于福州，鎭撫瀕海諸郡。以沿海經略副使合剌帶領舟師南征，陞經略使兼左副都元帥，佩虎符。丁亥，太陰犯太白。戊子，太陰犯熒惑。己丑，行中書省請考覈行御史臺文卷，不從。甲午，西川行樞密院招降西蜀、重慶等處，得府三、州六、軍一、監一、縣二十、栅四十、蠻夷一。乙未，宋廣王昺遣倪堅以表來上，令俟命大都。命揚州行省選鐵木兒不花所部兵助隆興進討。丁酉，命塔海毁夔府城壁。戊戌，劉宗純據德慶府，梧州萬戶朱國寶攻之，焚其寨栅，遂拔德慶。詔中書左丞呂文煥遣官招宋生、熟券軍，堪爲軍者，月給錢糧；不堪者，給牛屯田。庚子，漢軍都元帥李庭自願將兵擊張世傑，從之。西川行樞密院招宜勝、士恢等城及石榴寨，相繼來降。壬寅，以諸路歲比不登，免今年田租、絲銀。癸卯，都元帥楊文安遣兵攻克紹慶，執其郡守鮮龍，命斬之。乙巳，廣南西道宣慰司遣管軍總管崔永、千戶劉潭、王德用招降雷、化、高三州，卽以永等鎭守之。宋張世傑、蘇劉義挾廣王昺奔（硐）〔碙〕洲。〔四〕參知政事密立忽辛、張守智並行大司農司事。

夏四月乙卯，命元帥劉國傑將萬人北征，賜將士鈔二萬六百七十一錠。修會川縣盤古王祠，祀之。丙辰，詔以雲南境土曠遠，未降者多，簽軍萬人進討。戊午，以江南土寇竊發，人心未安，命行中書省左丞夏貴等，分道撫治軍民，檢覈錢穀；察郡縣被旱災甚者、吏廉能者，舉以聞；其貪殘不勝任者，劾罷之。甲子，命不花留鎭西川，汪惟正率獲功蒙古、漢軍官及降臣入覲，大都巡軍之戍西川者遣還。立雲南、湖南二轉運司。以時雨霑足，稍弛酒禁，民之衰疾飲藥者，官爲醖釀量給之。辛未，置光祿寺，以同知宣徽院事禿剌鐵木兒爲光祿卿。廣州張鎭孫叛，犯廣州，守將(張)〔梁〕雄飛棄城走，〔五〕出兵臨之，鎭孫乞降，命遣鎭孫及其妻赴京師。丁丑，雲南行省招降臨安、白衣、和泥分地城寨一百九所，威楚、金齒、落落分地城寨軍民三萬二千二百，禿老蠻、高州、筠連州等城寨十九所。庚辰，以許衡言，遣使至杭州等處取在官書籍版刻至京師。壬午，立行中書省于建康府。中書左丞崔斌言：「比以江南官冗，委任非人，命阿里等沙汰之，而阿合馬溺於私愛，一門子弟，並爲要官。」詔並黜之。又言：「阿老瓦丁，臺臣劾其侵欺官錢，事猶未竟，今復授江淮參政，不可。」詔止其行。敕自今罷免之官，宰執爲宣慰，宣慰爲路官，路官爲州官。淮、浙鹽課直隸行省，宣慰司官勿預。改北京行省爲宣慰司。追江南工匠官虎符。

五月癸未朔，詔諭翰林學士和禮霍孫，今後進用宰執及主兵重臣，其與儒臣老者同議。乙酉，行中書言：「近討邵武、建昌、吉、撫等巖洞山寨，獲聶大老、戴巽子，餘黨皆下。獨張世傑據碙洲，攻傍郡，未易平，擬遣宣慰使史格進討。」詔以也速海牙總制之。敕：「主兵官若已擢授，其舊職宜別授有功者，勿復以子孫承襲。」申嚴無籍軍虜掠及傭奴代軍之禁。甲午，諸職官犯罪，受宣者聞奏，受敕者從行臺處之，受省札者按察司治之。其宣慰司官吏，姦邪非違及文移案牘，從本道提刑按察司磨刷。應有死罪，有司勘問明白，提刑按察司審覆無冤，依例結案，類奏待命。自行中書以下應行公務，小事限七日，中事十五日，大事三十日。選江南銳軍爲侍衛親軍。乙未，以烏蒙路隸雲南行省，仍詔諭烏蒙路總管阿牟，置立站驛，修治道路，其一應事務並聽行省平章賽典赤節制。立川蜀水驛，自敍州達荆南府。己亥，江東道按察使阿八赤求江東宣慰使呂文煥金銀器皿及宅舍子女不獲，誣其私匿兵仗。詔行臺大夫相威詰之，事白，免阿八赤官。辛亥，制授張留孫江南諸路道教都提點。賜拱衞司官及其所部四百五十人鈔二千六十錠。

六月乙卯，改西蕃李唐城爲李唐州。庚申，敕博兒赤、答剌赤及司糧、司幣等官並勿授符，已授者收之。壬戌，賜瀘州降臣薛旺等鈔有差。丙寅，以江南防拓關隘一十三所設官太冗，選軍民官廉能者各一人分領。陞濟南府爲濟南路，降西涼府爲西涼州。丁卯，置甘州和糴提舉司，以備給軍餉、賑貧民。甲戌，詔汰江南冗官。江南元設淮東、湖南、隆興、福建四省，以隆興併入福建。其宣慰司十一道，除額設員數外，餘並罷去。仍削去各官舊帶相銜。罷茶運司及營田司，以其事隸本道宣慰司。罷漕運司，以其事隸行中書省。各路總管府依驗戶數多寡，以上中下三等設官。宋故官應入仕者，付吏部錄用。以史塔剌渾、唐兀帶驟陞執政，忙古帶任無爲軍達魯花赤，復遙領黃州宣慰使，並罷之。時淮西宣慰使昂吉兒入覲，言江南官吏太冗，故有是命。帝諭昂吉兒曰：「宰相明天道、察地理、盡人事，能兼此三者，乃爲稱職。爾縱有功，宰相非可覬者。回回人中阿合馬才任宰相，阿里年少亦精敏，南人如呂文煥、范文虎率衆來歸，或可以相位處之。」又顧謂左右曰：「汝可諭姚樞等，江南官吏太冗，此卿輩所知，而皆未嘗言，昂吉兒乃爲朕言之。」近侍劉鐵木兒因言：「阿里海牙屬吏張鼎，今亦參知政事。」詔即罷去。遂命平章政事哈伯等諭中書省、樞密院、御史臺：「翰林院及諸南儒今爲宰相、宣慰，及各路達魯花赤佩虎符者，俱多謬濫，其議所以減汰之者。凡小大政事，順民之心所欲者行之，所不欲者罷之。」乙亥，敕省、院、臺諸司應聞奏事，必由起居注。丁丑，太廟殿柱朽腐，命太常少卿伯麻思告于太室，乃易之。戊寅，全州西延溪洞徭蠻二十所內附。己卯，發蒙古軍千人從江東宣慰使張弘範由海道討宋餘衆。參知政事蒙古帶請頒詔招宋廣王昺及張世傑等，不從。庚辰，處州張三八、章焱、季文龍等爲亂，行省遣宣慰使謁只里率兵討之。辛巳，達實都收括中興等路闌遺。安南國王陳光昞遣使奉表來貢。〔六〕

秋七月壬午朔，湖南制置張烈良、提刑劉應龍與周隆、賀十二起兵，行省調兵往討，獲周隆、賀十二斬之。烈良等舉家及餘兵奔思州烏羅洞，爲官軍所襲，二人皆戰死。甲申，賜親王愛牙赤所部建都戍軍貧乏者鈔千二百七十七錠。行御史臺增設監察御史四員。江南湖北道、嶺南廣西道、福建廣東道並增設提刑按察司。乙酉，改江南諸路總管府爲散府者七、爲州者一，散府爲州者二。丙戌，以江南事繁，行省官未有知書者，恐於吏治非便，分命崔斌至揚州行省，張守智至潭州行省。丁亥，詔虎符舊用畏吾字，今易以國字。癸巳，以塔海征夔軍旅之還戍者，及揚州、江西舟師，悉付水軍萬戶張榮實將之，守禦江口。丙申，以右丞塔出、〔左丞〕呂師夔、〔七〕參知政事賈居貞行中書省事于贛州，福建、江西、廣東皆隸焉。丁酉，賜江西軍與張世傑力戰者三十人，各銀五十兩。以江西參知政事李恒爲都元帥，將蒙古、漢軍征廣。命揚州行中書省分軍三千付李恒。復上都守（成）〔城〕軍二千人爲民。〔八〕壬寅，改鑄高麗王王愖駙馬印。丙午，改開元宣撫司爲宣慰司，太倉爲御廩，資成庫爲尚用監，皮貨局入總管府。定江南俸祿職田。戊申，濮州蝗。己酉，禁使人經行納憐驛。辛亥，改京兆府爲安西府。詔江南、浙西等處毋非理征科擾民。建漢祖天師正一祠於京城。以參知政事李恒爲蒙古、漢軍都元帥，忙古帶爲福建路宣慰使，張榮實、張鼎並爲湖北道宣慰使，也的迷失爲招討使。

八月壬子朔，追毁宋故官所受告身。以嘉定、重慶、夔府既平，還侍衞親軍歸本司。遣禮部尚書柴椿等使安南國，詔切責之，仍俾其來朝。丁巳，沿海經略司、行左副都元帥劉深言：「福州安撫使王積翁既已降附，復通謀於張世傑。」積翁上言：「兵力單弱，若不暫從，恐爲閩郡生靈之患。」詔原其罪。壬戌，有首高興匿宋金者，詔置勿問。兩淮運糧五萬石賑泉州軍民。乙丑，濟南總管張宏以代輸民賦，嘗貸阿里、阿答赤等銀五百五十錠，不能償。詔依例停徵。辛未，復給漳州安撫使沈世隆家貲。世隆前守建寧府，有郭贇者受張世傑檄，誘世隆，世隆執贇斬之。蒙古帶以世隆擅殺，籍其家。帝曰：「世隆何罪，其還之。」仍授本路管民總管。中書省臣言：「近有旨追諸路管民官所授金虎符，其江南降臣宜仍所授。」從之。制封泉州神女號護國明著靈惠協正善慶顯濟天妃。甲戌，安西王相府言：「川蜀悉平，城邑山寨洞穴凡八十三，其渠州禮義城等處凡三十三所，宜以兵鎭守，餘悉撤毀。」從之。己卯，初立提刑按察司于畏吾兒分地。庚辰，以四川平，勞賞軍士鈔二萬一千三百三十九錠。辛巳，陞洺磁爲廣平府路。監察御史韓昺劾同知大都路總管府事舍里甫丁毆部民至死，詔杖之，免其官，仍籍沒家貲十之二。詔行中書省唆都、蒲壽庚等曰：「諸蕃國列居東南島嶼者，皆有慕義之心，可因蕃舶諸人宣布朕意。誠能來朝，朕將寵禮之。其往來互市，各從所欲。」詔諭軍前及行省以下官吏，撫治百姓，務農樂業，軍民官毋得占據民產，抑良爲奴。以中書左丞董文炳僉書樞密院事，參知政事唆都、蒲壽庚並爲中書左丞。

九月壬午朔，敕以總管張子良所簽軍二千二百人爲侍衞軍，俾張亨、陳瑾領之。癸未，省東西川行樞密院，其成都、潼川、重慶、利州四處皆設宣慰司。詔分揀諸路所括軍，驗事力乏絶者爲民，其恃權豪避役者復爲兵。所遣分揀官及本府州縣官，能核正無枉者，陞爵一級。又減至元九年所括三萬軍半以爲民，其商戶餘丁軍並除之。戊子，以征東元帥府治東京。庚寅，昭信達魯花赤李海剌孫言，願同張弘略取宋二王，調漢軍、水軍俾將之。以中書左丞、行江東道宣慰呂文煥爲中書右丞。

冬十月己未，享于太廟，常設牢醴外，益以羊、鹿、豕、蒲萄酒。庚申，車駕至自上都。辛酉，賑別十八里、日忽思等饑民鈔二千五百錠。分夔府漢軍二千、新軍一千付塔海將之。賜合答乞帶軍士馬價幣帛二千匹，其軍士力戰者賞賚有差。乙丑，正一嗣成，詔張留孫居之。丁卯，弛山場樵採之禁。己巳，趣行省造海船付烏馬兒、張弘範，增兵四千俾將之。庚午，敕御史臺，凡軍官私役軍士者，視數多寡定其罪。詔：「河西、西京、南京、西川、北京等宣慰司案牘，宜依江南近例，令按察司磨照。」移河南河北道提刑按察司治南京。御史臺臣言：「失里伯之弟阿剌與王權府等俘掠良民，失里伯縱弗問。及遣御史掾詰問，不伏。」詔執而鞫之。

十一月庚辰朔，棗陽萬戶府言：「李均收撫大洪山寨爲宋朱統制所害。」命賜銀千兩賙其家。丁亥，以辰、沅、靖、鎮遠等郡與蠻獠接壤，民不安業，命塔海、程鵬飛並爲荊湖北道宣慰使，置司常德路，餘官屬留荊南府，供給糧食軍需。壬辰，江東道宣慰使囊加帶言：「江南既平，兵民宜各置官屬。蒙古軍宜分屯大河南北，以餘丁編立部伍，絕其虜掠之患。分揀官僚，本以革阿合馬濫設之弊。其將校立功者，例行沙汰，何以勸後？新附軍士，宜令行省賜其衣糧，無使闕乏。」帝嘉納之。徵宋相馬廷鸞、章鑑赴闕。甲午，開酒禁。復阿合馬子忽辛、阿散先等官。始忽辛等以崔斌論列而免，至是以張惠請，故復之。惠又請復其子麻速忽及其姪別都魯丁、苦思丁前職，帝疑惠，不從。敕已除官僚不之任者，除名爲農。丁酉，召陳巖入覲。己亥，貸侍衞軍屯田者鈔二千錠市牛具。辛丑，建寧政和縣人黃華，集鹽夫，聯絡建寧、括蒼及畬民婦自稱許夫人爲亂。詔調兵討之。丁未，行中書省自揚州移治杭州。立淮東宣慰司于揚州，以阿剌罕爲宣慰使。詔諭沿海官司通日本國人市舶。以參知政事程鵬飛行荊湖北道宣慰使。

閏月庚戌朔，羅氏鬼國主阿榨、西南蕃主韋昌盛並內附。詔阿榨、韋昌盛各爲其地安撫使，佩虎符。辛亥，太白、熒惑、塡星聚于房。甲寅，幸光祿寺。丙辰，詔禿魯赤同潭州行省官一員，察戍還病軍所過州縣不加顧恤者按之。甲子，發蒙古、漢軍都元帥張弘範攻漳州，得山寨百五十、戶百萬一。是日，諜報文天祥見屯潮陽港，亟遣先鋒張弘正、總管囊加帶率輕騎五百人，追及于五坡嶺麓中，大敗之，斬首七千餘，執文天祥及其將校四人赴都。

十二月己卯〔朔〕，僉書西川行樞密院昝順招誘都掌蠻夷及其屬百一十人內附，以其長阿永爲西南番蠻安撫使，得蘭紐爲都掌蠻安撫使，賜虎符，餘授宣敕、金銀符有差。庚辰，思州安撫使田景賢、播州安撫使楊邦憲請歸宋舊借鎮遠、黄平二城，仍徹戍卒，不允。景賢等請降詔禁戍卒毋擾思、播之民，從之。鴨池等處招討使欽察所領南征新軍，不能自贍者千人，命屯田于京兆。乙酉，伯顏以渡江收撫沙陽、新城、陽羅堡、閩、浙等郡獲功軍士及降臣姓名來上。詔授虎符者入覲，千戶以下並從行省授官。丙戌，揚州行省上將校軍功凡百三十四人，授官有差。丙申，從播州安撫楊邦憲請，以鼎山仍隸播州。庚子，敕長春宮修金籙大醮七晝夜。丙午，禁玉泉山樵採漁弋。戊申，以敍州等處禿老蠻殺使臣撒里蠻，命發兵討之。封伯夷爲昭義清惠公，叔齊爲崇讓仁惠公。以十六年曆日賜高麗。海州贛榆縣雹傷稼，免今年田租。南寧、吉（瑞）〔陽〕、萬安三郡內附。〔九〕開（城）〔成〕路置屯田總管府，〔一〇〕以廣安縣隸之。臨淄、臨朐、清河復爲縣。導肥河入于酇，淤陂盡爲良田。會諸王于大都，以平宋所俘寶玉器幣分賜之。賜諸王等金、銀、幣、帛如歲例。

是歲，西京奉聖州及彰德等處水旱民饑，賑米八萬八百九十石、粟三萬六千四十石、鈔二萬四千八百八十錠有奇。斷死罪五十二人。

十六年春正月己酉朔，高麗國王王愖遣其僉議中贊金方慶來賀，兼奉歲幣。壬子，罷五翼探馬赤重役軍。癸丑，汪良臣言：「西川軍官父死子繼，勤勞四十年，乞顯加爵秩。」詔從其請。詔以海南、瓊崖、儋、萬諸郡俱平，令阿里海牙入覲。瀘州降臣趙金、吳大才、袁禹繩等從征重慶，其家屬爲叛者所殺，詔賜鈔有差，仍以叛者妻孥付金等。敕高麗國置大灰艾州、東京、柳石、孛落四驛。甲寅，無籍軍侵掠平民，而諸王只必帖木兒所部爲暴尤甚，命捕爲首者置之法。敕移贛州行省還隆興。高麗國來獻方物。辛酉，合州安撫使王立以城降。先是立遣間使降安西王相李德輝，東川行院與德輝爭功，德輝單舸至城下，呼立出降，川蜀以平。東川行院遂言，立久抗王師，嘗指斥憲宗，宜殺之。樞密院以其事聞，而降臣李諒亦訟立前殺其妻子，有其財物。遂詔殺立，籍其家貲償諒。既而安西王具立降附本末來上，且言東川院臣憤李德輝受降之故，誣奏誅立。樞密院臣亦以前奏爲非。帝怒曰：「卿視人命若戲耶！前遣使計殺立久矣，今追悔何及。卿等妄殺人，其歸待罪。」斥出之。會安西王使再至，言未殺立。卽召立入覲，命爲潼川路安撫使，知合州事。壬戌，分川蜀爲四道：以成都等路爲四川西道，廣元等路爲四川北道，重慶等路爲四川南道，順慶等路爲四川東道，並立宣慰司。賞重慶等處從征蒙古、漢軍鈔三萬九千九百五十一錠。改播州鼎山縣爲播川縣。丁卯，賜參知政事昝順田民百八十戶於江津縣。戊辰，立河西屯田，給耕具，遣官領之。甲戌，張弘範將兵追宋二王至崖山寨，張世傑來拒戰，敗之，世傑遁去，廣王昺偕其官屬俱赴海死，獲其金寶以獻。丙子，詔諭又巴、散毛等四洞番蠻酋長使降。以中書〔左〕〔右〕丞別乞里迷失同知樞密院事。〔一〕禁中書省文册奏檢用畏吾字書。賜異樣等局官吏工匠銀二千兩。賜皇子奧魯赤及諸王拜答罕下軍士與思州田師賢所部軍衣服及鈔有差。〔二〕

二月戊寅朔，祭先農于籍田。壬午，陞溧〔陽〕州爲路。〔三〕遣使訪求通皇極數番陽祝泌子孫，其甥傅立持泌書來上。撥民萬戶隸明里淘金。以江南漕運舊米賑軍民之饑者。癸未，增置五衞指揮司。詔遣塔黑麻合兒、撒兒答帶括中興戶。太史令王恂等言：「建司天臺于大都，儀象圭表皆銅爲之，宜增銅表高至四十尺，則景長而眞。又請上都、洛陽等五處分置儀表，各選監候官。」從之。甲申，平章阿里伯乞行中書省檢覈行御史臺文案，且請行臺呈行省，比御史臺呈中書省例，從之。以征日本，敕揚州、湖南、贛州、泉州四省造戰船六百艘。移紹興宣慰司于處州。己丑，調潭州行省軍五千戍沿海州郡。庚寅，張弘範以降臣陳懿兄弟破賊有功，且出戰船百艘從征宋二王，請授懿招討使兼潮州路軍民總管，及其弟忠、義、勇三人爲管軍總管；十夫長塔剌海獲文天祥有功，請授管軍千戶，佩金符。並從之。壬辰，詔諭宗師張留孫悉主淮東、淮西、荆襄等處道教。乙未，玉速帖木兒言：「行臺文卷令行省檢覈，於事不便。」詔改之。其運司文卷聽御史臺檢覈。饒州路達魯花赤玉古倫擅用羨餘糧四千四百石，杖之，仍沒其家。詔湖南行省於戍軍還塗，每四五十里立安樂堂，疾者醫之，饑者廩之，死者槀葬之，官給其需。遣官覈實益都、淄萊、濟南逃亡民地之爲行營牧地者。禁諸奥魯及漢人持弓矢，其出征所持兵仗，還卽輸之官庫。壬寅，賜太史院銀一千七十八兩。癸卯，發嘉定新附軍千人屯田脫里北之地。甲辰，陞大都兵馬都指揮使司秩四品。詔大都、河間、山東管鹽運司並兼管酒、醋、商稅等課程。中書省臣請以眞定路達魯花赤蒙古帶爲保定路達魯花赤，帝曰：「此正人也，朕將別以大事付之。」賞汪良臣所部蒙古、漢軍收附四川功鈔五萬錠。命嘉定以西新附州郡及田、楊二家諸貴官子，俱充質子入侍。車駕幸上都。乙巳，命同知太史院事郭守敬訪求精天文曆數者。西蜀四川道立提刑按察司。丙午，遣使代祀嶽瀆后土。詔河南、西京、北京等路課程，令各道宣慰司領之。賞西川新附軍鈔三千八百五十錠。以斡端境內蒙古軍耗乏，幷漢軍、新附軍等，賜馬牛羊及馬驢價鈔、衣服、弓矢、鞍勒各有差。

三月戊申朔，詔禁歸德、亳、壽、臨淮等處畋獵。庚戌，敕郭守敬繇上都、大都，歷河南府抵南海，測驗晷景。壬子，囊加帶括兩淮造回回礮新附軍匠六百，及蒙古、回回、漢人、新附人能造礮者，俱至京師。庚申，給千戶馬乃部下拔突軍及土渾川軍屯田牛具。丙寅，敕中書省，凡掾史文移稽緩一日二日者杖，三日者死。甲戌，潭州行省遣兩淮招討司經歷劉繼昌招下西南諸番，以龍方零等爲小龍蕃等處安撫使，仍以兵三千戍之。中書省下太常寺講究州郡社稷制度，禮官折衷前代，參酌儀禮，定擬祭祀儀式及壇壝祭器制度，圖寫成書，名曰至元州縣社稷通禮，上之。以保定路旱，減是歲租三千一百二十石。

夏四月己卯，立江西榷茶運司及諸路轉運鹽使司、宣課提舉司。癸巳，以給事中兼起居注，掌隨朝諸司奏聞事。戊戌，以池州路達魯花赤阿塔赤戰功陞招討使，兼本軍萬戶。癸卯，塡星犯鍵閉。乙巳，汪良臣言：「昔昝順兵犯成都，掠其民以歸。今嘉定旣降，宜還其民成都。」制曰「可」。敕以上都軍四千衞都城，凡他所來戍者皆遣歸。從唆都請，令泉州僧依宋例輸稅，以給軍餉。詔諭揚州行中書省，選南軍精銳者二萬人充侍衞軍，併發其家赴京師，仍給行費鈔萬六千錠。大都等十六路蝗。

五月己酉，中書省請復授宣慰司官虎符，不允。又請各路設提舉、同提舉、副提舉各一員，專領課程，從之。辛亥，蒲壽庚請下詔招海外諸蕃，不允。詔諭漳、泉、汀、邵武等處暨八十四畬官吏軍民，若能舉衆來降，官吏例加遷賞，軍民按堵如故。以泉州經張世傑兵，減今年租賦之半。丙辰，以五臺僧多匿逃奴及逋賦之民，敕西京宣慰司、按察司搜索之。命畏吾界內計畝輸稅。以各道按察司地廣事繁，併勸農官入按察司，增副使、僉事各一員，兼職勸農水利事。甲子，御史臺臣言：「先是省臣阿里伯言，有罪者與臺臣相威同問，有旨從之。臣等謂行省斷罪以意出入，行臺何由舉正。宜從行省問訖，然後體察爲宜。」制曰

「可」。高興侵用宋二王金三萬一千一百兩有奇、銀二十五萬六百兩，詔遣使追理。詔漣、海等州募民屯田，置總管府及提舉司領之。乙丑，敕江陵等路拔突戶一萬，凡千戶置達魯花赤一員，直隸省部。丙寅，敕江南僧司文移，毋輒入遞。臨洮、鞏昌、通安等十驛，非有海青符，不聽乘傳。丁卯，改雲南寶山、袞渠二縣爲州。己巳，詔沿路驛店民家，凡往來使臣不當乘傳者，毋給人畜飲食芻料。完都、河南七驛民貧乏，給其馬牛羊價鈔千八百錠。庚午，賜乃蠻帶戰功及攻圍重慶將士及宣慰使劉繼昌等鈔、衣服各有差。壬申，以呂虎來歸，授順慶府總管，佩虎符，仍賜鈔五十錠。徙丁子峪所駐侍衞軍萬人，屯田昌平。癸酉，兀里養合帶言：「賦北京、西京車牛俱至，可運軍糧。」帝曰：「民之艱苦汝等不問，但知役民。使今年盡取之，來歲禾稼何由得種。其止之。」甲戌，給要束合所領工匠牛二千，就令運米二千石供軍。詔諭脫兒赤等管甘州路宣課，諸人毋或沮擾。潭州行省上言：「瓊州宣慰馬旺已招降海外四州，尋有土寇黃威遠等四人爲亂，今已擒獲。」詔置之極刑。丙子，進封桑乾河洪濟公爲顯應洪濟公。命宗師張留孫卽行宮作醮事，奏赤章于天，凡五晝夜。賜皇子奧魯赤、撥里答等及千戶伯牙兀帶所部軍及和州站戶羊馬鈔各有差。

六月丁丑朔，阿合馬言：「常州路達魯花赤馬恕告僉浙西按察司事高源不法四十事，源亦劾恕。」事聞，詔令廷辯。詔發新附軍五百人、蒙古軍百人、漢軍四百人戍碉門、魚通、黎、雅。詔諭王相府及四川行中書省，四道宣慰司撫治播川、務川西南諸蠻夷，官吏軍民各從其俗，無失常業。壬午，以浙東宣慰使陳祐沒王事，命其子夔爲管軍總管，佩虎符。甲申，宋張世傑所部將校百五十八人，詣瓊、雷等州來降。敕造戰船征日本，以高麗材用所出，卽其地製之。令高麗王議其便以聞。乙酉，楡林、洪贊、刁窩，每驛益馬百五十、車二百，牛如車數給之。丙戌，左右衞屯田蝗蝻生。庚寅，陞濟寧府爲路。壬辰，以參知政事、行河南等路宣慰使忽辛爲中書左丞，行中書省事。癸巳，以新附軍二萬分隸六衞屯田。徹里帖木兒言其部軍多爲盜刼掠貲財，有司不卽理斷，乞遣官詰治。詔兀魯帶往治之。以不花行西川樞密院事，總兵入川，平宋諸城之未下者。仍令東川行樞密院調兵守釣魚山寨。西川旣平，復立屯田，其軍官第功陞擢，凡授宣敕、金銀符者百六十一人。詔以高州、筠連州騰川縣新附戶於溆州等處治道立驛。雲南都元帥愛魯、納速剌丁招降西南諸國。愛魯將兵分定亦乞不薛。納速剌丁將大理軍抵金齒、蒲驃、曲蠟、緬國界內，招忙木、巨木禿等寨三百，籍戶十一萬二百。詔定賦租，立站遞，設衞送軍。軍還，獻馴象十二。戊戌，改宣德府龍門鎭復爲縣。庚子，拘括河西、西番闌遺戶。辛丑，以通州水路淺，舟運甚艱，命樞密院發軍五千，仍令食祿諸官雇役千人開浚，以五十日訖工。癸卯，以臨洮、鞏昌、通安等十驛歲饑，供役繁重，有質賣子女以供役者，命選官撫治之。甲辰，以襄陽屯田戶四百代軍當驛役。賜征北諸郡蒙古軍闊闊八都等力戰有功者銀五十兩，戰殁者家給銀百兩，從行伍者鈔一錠，其餘衣物有差。禁伯顏察兒諸峪寨捕獵。詔免四川差稅。以參知政事、行中書省事別都魯丁爲河南等路宣慰使。以阿合馬子忽辛爲潭州行省左丞，忽失海牙等並復舊職。占城、馬八兒諸國遣使以珍物及象犀各一來獻。賜諸王所部銀鈔、衣服、幣帛、鞍勒、弓矢及羊馬價鈔等各有差。五臺山作佛事。

秋七月戊申，寧國路新附軍百戶詹福謀叛，福論死，授告者何士青總把、銀符，仍賜鈔十錠。罷西川行省。庚戌，禁脫脫和孫搜取乘傳者私物。乙卯，應昌府依例設官。置東宮侍衞軍。定江南上、中路置達魯花赤二員，下路一員。敕發西川蒙古軍七千、新附軍三千，付皇子安西王。丁巳，交趾國遣使來貢馴象。己未，以朶哥麻思地之算木多城爲鎮西府。敕以蒙古軍二千、益都軍二千、諸路軍一千、新附軍五千，合萬人，令李庭將之。壬戌，賞瓮吉剌所部力戰軍，人銀五十兩；死事者人百兩，給其家。阿里海牙入覲，獻金三千五百八十兩、銀五萬三千一百兩。罷潭州行省造征日本及交趾戰船。丙寅，塡星犯鍵閉。癸酉，西南八番、羅氏等國來附，洞寨凡千六百二十有六，戶凡十萬一千一百六十有八。詔遣牙納朮、崔彧至江南訪求藝術之人。以中書左丞、行四川行中書省事汪良臣爲安西王相。賜諸王納里忽所部有功將校銀鈔、衣裝、幣帛、羊馬有差。以趙州等處水旱，減今年租三千一百八十一石。命散都修佛事十有五日。

八月丁丑，車駕至自上都。庚辰，太陰犯房距星。戊子，范文虎言：「臣奉詔征討日本，比遣周福、欒忠與日本僧齎詔往諭其國，期以來年四月還報，待其從否，始宜進兵。」又請簡閱舊戰船以充用。皆從之。海賊賀文達率衆來歸文虎，文虎以所得銀三千兩來獻。有旨釋其前罪，官其徒四十八人，就以銀賜文虎。己丑，宋降臣王虎臣陳便宜十七事，令張易等議，可者行之。庚寅，敕沅州路蒙古軍總管乞答台征取桐木籠、犵狫、伯洞諸蠻未附者。調江南新附軍五千駐太原，五千駐大名，五千駐衞州。以每歲聖誕節及元辰日，禮儀費用皆斂之民，詔天下罷之。丁酉，以江南所獲玉爵及玷凡四十九事，納于太廟。己亥，海賊金通精死，獲其從子溫，有司欲論如法，帝曰：「通精已死，溫何預焉。」特赦其罪。庚子，歲星犯軒轅大星。甲辰，詔漢軍出征逃者罪死，且沒其家。置大護國仁王寺總管府，以散扎兒爲達魯花赤，李光祖爲總管。賜范文虎僚屬二十一人金紋綾及西錦衣。賞征重慶將校幣帛有差。賜諸王阿只吉糧五千石、馬六百匹、羊萬口。

九月乙巳朔，范文虎薦可爲守令者三十人。詔：「今後所薦，朕自擇之。凡有官守不勤於職者，勿問漢人、回回皆論誅之，且沒其家。」女直、水達達軍不出征者，令隸民籍輸賦。己酉，罷金州守船軍千人，量留監守，餘皆遣還。庚戌，詔行中書省左丞忽辛兼領杭州等路諸色人匠；以杭州稅課所入，歲造繒段十萬以進。杭、蘇、嘉興三路辦課官吏，額外多取分例，今後月給食錢，或數外多取者罪之。阿合馬言：「王相府官趙炳云，陝西課程歲辦萬九千錠，所司若果盡心措辦，可得四萬錠。」卽命炳總之。同知揚州總管府事董仲威坐贓罪，行臺方按其事，仲威反誣行臺官以他事。詔免仲威官，仍沒其產十之二。戊午，王相府言：「四川宣慰司有籍無軍虛受賞者一萬七千三百八人。」命詰治之。議罷漢人之爲達魯花赤者。御史臺臣言：「江南三路管課官，於分例外支用鈔一千九百錠。」命盡徵之。詔遣使招諭西南諸蠻部族酋長，能率所部歸附者，官不失職，民不失業。乙丑，以忽必來、別速台爲都元帥，將蒙古軍二千人、河西軍一千人，戍斡端城。己巳，樞密院臣言：「有唐兀帶者冒禁引軍千餘人，於辰溪、沅州等處刼掠新附人千餘口及牛馬、金銀、幣帛等，而麻陽縣達魯花赤武伯不花爲之鄉導。」敕斬唐兀帶、武伯不花，餘減死論，以所掠者還其民。給河西行省鈔萬錠，以備支用。

冬十月己卯，享于太廟。辛巳，敍州、夔府至江陵界立水驛。乙酉，帝御香閣。命大樂署令完顏椿等肄文武樂。戊子，張融訴西京軍戶和買和雇，有司匿所給價鈔計萬八千餘錠；官吏坐罪，以融爲侍衞軍總把。千戶脫略、總把忽帶擅引軍入婺州永康縣界，殺掠吏民。事覺，自陳扈從先帝出征有功，乞貸死。敕沒入其家貲之半，杖遣之。辛卯，賑和州貧民鈔。乙未，納碧玉爵于太廟。丙申，太陰犯太微西垣上將。辛丑，以月直元辰，命五祖真人李居壽作醮事，奏赤章，凡五晝夜。畢事，居壽請間言：「皇太子春秋鼎盛，宜預國政。」帝喜曰：「尋將及之。」明日，下詔皇太子燕王參決朝政，凡中書省、樞密院、御史臺及百司之事，皆先啓後聞。甲辰，賜高麗國王至元十七年曆日。

十一月戊申，敕諸路所捕盜，初犯贓多者死，再犯贓少者從輕罪論。阿合馬言：「有盜以舊鈔易官庫新鈔百四十錠者，議者謂罪不應死，且盜者之父執役臣家，不論如法，寧不自畏。」詔處死。壬子，遣禮部尚書柴椿偕安南國使杜中贊齎詔往諭安南國世子陳日烜，責其來朝。癸丑，太陰犯熒惑。乙卯，罷太原、平陽、西京、延安路新簽軍還籍。罷招討使劉萬奴所管無籍軍願從大軍征討者。趙炳言陝西運司郭同知、王相府郎中令郭叔雲盜用官錢，敕尚書禿速忽、侍御史郭祐檢覈之。戊辰，命湖北道宣慰使劉深教練鄂州、漢陽新附水軍。詔諭四川宣慰司括軍民戶數。己巳，以梧州妖民吳法受扇惑藤州、德慶府瀧水徭蠻爲亂，獲其父誅之。併教坊司入拱衛司。

十二月戊寅，發粟鈔賑鹽司竈戶之貧者。括甘州戶。庚辰，安南國貢藥（財）〔材〕。〔一四〕甲申，祀太陽。丙申，敕樞密、翰林院官，就中書省與唆都議招收海外諸番事。丁酉，八里灰貢海青。回回等所過供食，羊非自殺者不食，百姓苦之。帝曰：「彼吾奴也，飲食敢不隨我朝乎？」詔禁之。詔諭海內海外諸番國主。賜右丞張惠銀五千四百兩。敕自明年正月朔日，建醮于長春宮，凡七日，歲以爲例。命李居壽告祭新歲。詔諭占城國主，使親自來朝。改垣唆都所遣闍婆國使臣治中趙玉還。改單州、兗州隸濟寧路。復置萬泉縣，隸河中府。改垣曲縣隸絳州。降歸州路爲州。陞沔陽、安陸各爲府。改京兆爲安西路。改惠州、建寧、梧州、柳州、象州、邕州、慶遠、賓州、橫州、容州、潯州並爲路。建聖壽萬安寺于京城。帝師亦憐（吉）〔眞〕卒。〔一五〕敕諸國教師禪師百有八人，卽大都萬安寺設齋圓戒，賜衣。

是歲，斷死罪百三十二人。保定等二十餘路水旱風雹害稼。

校勘記

〔一〕張德（閏）〔潤〕　據上文至元十四年七月戊申、十一月戊子條及宋史卷四五一張鈺傳改。道光本已校。

〔二〕〔大〕良平　據上文至元三年十一月丙辰、十三年十一月丙午條及本書卷一三三拜延傳、卷一六五趙匣剌傳補。參看卷五校勘記〔七〕。

〔三〕華亭縣　按本書卷六二地理志，改松江府者爲華亭府。本證云「縣當作府」，是。

〔四〕（磵）〔礀〕洲　從殿本改。

〔五〕（張）〔梁〕雄飛　據宋史卷四七瀛國公紀附二王及元文類卷四一經世大典序錄征伐改。

〔六〕安南國王陳光昞遣使奉表來貢　按本書卷二〇九安南傳，至元十四年光昞卒，國人立其子日烜，遣使入元。此處仍書「陳光昞」，疑誤。

〔七〕〔左丞〕呂師夔　據下文至元十七年二月辛丑條及本書卷一三五塔出傳補。本證已校。

〔八〕守（成）〔城〕軍　從殿本改。

〔九〕南寧吉（瑞）〔陽〕萬安三郡內附　據本書卷六三地理志及卷一二八阿里海牙傳改。按此三地皆在今海南島。

〔一〇〕開（城）〔成〕路　據本書卷六十地理志開成州條改。

〔一一〕中書（左）〔右〕丞別乞里迷失　據上文至元十三年七月丙辰條及本書卷一六六賀祉傳改。

〔一二〕田師賢　按上文至元十二年十二月己亥、十四年五月乙卯、十五年十二月庚辰條及元文類卷四一經世大典序錄招捕有「思州安撫使田景賢」，疑此處「師」當作「景」。

〔一三〕陸溧〔陽〕州爲路　據本書卷六二地理志補。本證已校。

〔一四〕藥（財）〔材〕　從北監本改。

〔一五〕亦憐（吉）〔眞〕　據本書卷二〇二釋老傳改。按前文至元十一年三月癸巳條作「亦鄰眞」。藏語「亦憐眞」，意爲「寶」。蒙史已校。

元史卷十一

本紀第十一

世祖八

十七年春正月癸卯朔，高麗國王王(睶)〔賰〕遣其僉議中贊金方慶來賀，〔一〕兼奉歲貢。丙午，命萬戶綦公直戍別失八里，賜鈔一萬二千五百錠。辛亥，磁州、永平縣水，給鈔貸之。丙辰，立遷轉官員法：凡無過者授見闕，物故及過犯者選人補之，滿代者令還家以俟。又定諸路差稅課程，增益者即上報，隱漏者罪之，不須履畝增稅，以搖百姓。詔括江淮銅及銅錢銅器。辛酉，以海賊賀文達所掠良婦百三十餘人還其家。廣西廉州海賊霍公明、鄭仲龍等伏誅。甲子，敕泉州行省，所轄州郡山寨未即歸附者率兵拔之，已拔復叛者屠之。以總管張瑄、千戶羅(壁)〔璧〕收宋二王有功，〔二〕陞瑄沿海招討使，虎符；(壁)〔璧〕管軍總管，金符。丁卯，畋近郊。詔毋以侍衞軍供工匠役。戊辰，敕相威檢覈阿里海牙、忽都帖木兒等所俘丁三萬二千餘人，並放爲民。置行中書省于福州。改德慶(路)〔府〕爲總管府。〔三〕賜開灤河五衞軍鈔。

二月乙亥，張易言：「高和尚有祕術，能役鬼爲兵，遙制敵人。」命和禮霍孫將兵與高和尚同赴北邊。丙子，立北京道二驛。丁丑，答里不罕以雲南行省軍攻定昌路，擒總管谷納殺之。詔令答里不罕還，以阿答代之。敕非遠方歸附人毋入會同舘。詔納速剌丁將精兵萬人征緬國。乙酉，賞納速剌丁所部征金齒功銀五千三百二十兩。己丑，命梅國賓襲其父應春瀘州安撫使職。瀘州嘗叛，應春爲前重慶制置使張珏所殺。國賓詣闕訴寃，詔以珏畀國賓，使復其父讎。珏時在京兆，聞之自經死。國賓請贖還瀘州軍民之爲俘者，從之。日本國殺國使杜世忠等，征東元帥忻都、洪茶丘請自率兵往討，廷議姑少緩之。丙申，詔諭眞人(祈)〔祁〕志誠等焚毀道藏僞妄經文及板。〔四〕庚子，阿里海牙及納速剌丁招緬國及洞蠻降臣，詔就軍前定錄其功以聞。江淮行省左丞夏貴請老，從之，仍官其子孫。合剌所部和州等城爲叛兵所掠者，賜鈔給之，仍免其民差役三年。發侍衞軍三千浚通州運糧河。畏吾戶居河西界者，令其屯田。辛丑，以廣中民不聊生，召右丞塔出、左丞呂師夔廷詰壞民之由。命也的迷失、賈居貞行宣慰司往撫之。師夔至，廷辯無驗，復令還省治事。詔王相府於諸奧魯市馬二萬六千三百匹。遣使代祀岳瀆。賜諸王阿八合、那木干所部，及征日本行省阿剌罕、范文虎等西錦衣、銀鈔、幣帛各有差。又賜四川貧民及兀剌帶等馬牛羊價鈔。

三月癸卯，命福建王積翁入領省事，中書省臣以爲不可，改戶部尙書。甲辰，車駕幸上都。思、播州軍侵鎭遠、黃平界，命李德輝等往視之。罷通政院官不勝任者。丙午，敕東西兩川發蒙古、漢軍戍魚通、黎、雅。乙卯，立都功德使司，從二品，掌奏帝師所統僧人幷吐番軍民等事。己未，詔討羅氏鬼國，命以蒙古軍六千，哈剌章軍一萬，西川藥剌海、萬家奴軍萬人，阿里海牙軍萬人，三道並進。癸亥，高郵等處饑，賑粟九千四百石。辛未，立畏吾境內交鈔提舉司。給月脫古思八部屯田牛具。賜忙古帶等羊馬及皇子南木合下羊馬價。

夏四月壬申朔，中書省臣言：「唆都軍士擾民，故南劍等路民復叛。及忙古帶往招徠之，民始獲安。」詔以忙古帶仍行省福州。癸酉，南康杜可用叛，命史弼討擒之。定杭州宣慰司官四員，以游顯、管如德、忽都虎、劉宣充之。丙子，隆興路楊門站復爲懷安縣。庚辰，四川宣慰使也罕的斤請賜海青符，命以二符給之。壬午，史弼入朝。乙酉，以宋太常樂付太常寺。改泗州靈壁縣仍隸宿州。丁亥，立杭州路金玉總管府。甲午，敕軍戶貧乏者還民籍。丙申，以羅佐山道梗，敕阿里海牙發軍千人戍守。以隆興、泉州、福建置三省不便，命廷臣集議以聞。己亥，諸王只必帖木兒請各投下設官，不從。庚子，歲星犯軒轅大星。敕權停百官俸。寧海、益都等四郡霜，眞定七郡蟲，皆損桑。

五月辛丑朔，樞密院調兵六百守居庸南、北口。甲辰，作行宮于察罕腦兒。丙午，陞沙州爲路。癸丑，括沙州戶丁，定常賦，其富戶餘田令所戍漢軍耕種。詔雲南行省發四川軍萬人，命藥剌海領之，與前所遣將同征緬國。高麗國王王(暙)〔賰〕以民饑，乞貸糧萬石，從之。福建行省移泉州。甲寅，汀、漳叛賊廖得勝等伏誅。造船三千艘，敕躭羅發材木給之。庚申，賜諸王別乞帖木兒銀印。辛酉，賜國師掌教所印。賞伯顏將士戰功銀二萬八千七百五十兩。眞定、咸平、忻州、漣、海、邳、宿諸州郡蝗。

六月辛未朔，以忽都帶兒收籍闌遺人民牛畜，撥荒地令屯田。壬申，復招諭占城國。丁丑，唆都部下顧總管聚黨於海道刦奪商貨，范文虎招降之，復議置于法。命文虎等集議處之。阿答海等請罷江南所立稅課提舉司，阿合馬力爭，詔御史臺選官檢覈，具實以聞。阿合馬請立大宗正府。罷上都奧魯官，以留守司兼管奧魯事。(西安)〔安西〕王薨，罷其王相府。〔五〕遣呂告蠻部安撫使王阿濟同萬戶昝坤招諭羅氏鬼國。壬辰，召范文虎議征日本。戊戌，高麗王王(暙)〔賰〕遣其將軍朴義來貢方物。江淮等處頒行鈔法，廢宋銅錢。遣不魯合答等檢覈江淮行省阿里伯、燕帖木兒錢穀。改泗州隸淮安路。賜忽烈禿、忽不剌等將士力戰者銀鈔，及給折可察兒等軍士羊馬價鈔各有差。

秋七月辛丑，廣東宣慰使帖木兒不花言：「諸軍官宜一例遷轉。江淮郡縣，首亂者誅，沒其家。官豪隱庇佃民，不供徭役，宜別立籍。各萬戶軍交參重役，宜發還元翼。」詔中書省、樞密院、翰林院集議以聞。敕思州安撫司還舊治。戊申，太陰掩房距星。以高麗國初置驛，站民乏食，命給糧一歲。仍禁使臣往來，勿求索飲食。己酉，立行省于京兆，以前安西相李德輝爲參知政事，兼領錢穀事。徙泉州行省于隆興。以禿古滅軍劫食火拙畏吾城禾，民饑，命官給驛馬之費，仍免其賦稅三年。太陰犯南斗。甲寅，發衞兵八百治沙嶺橋，敕毋踐民田。戊午，從阿合馬言，以參知政事郝禎、耿仁並爲中書左丞。用姚演言，開膠東河及收集逃民屯田漣、海。甲子，遣安南國王子倪還。括蒙古軍戍丁者。敕亦來等率萬人入羅氏鬼國，如其不附，則入討之。乙丑，罷江南財賦總管府。丁卯，併大都鹽運司入河間爲一，仍減汰冗員。割建康民二萬戶種稻，歲輸釀米三萬石，官爲運至京師。戊辰，詔括前願從軍者及張世傑潰軍，使征日本。命范文虎等招集避罪附宋蒙古、回回等軍。己巳，遣中使咬難歷江南名山訪求高士，且命持香幣詣信州龍虎山、臨江閤皂山、建康三茅山，皆設醮。賜阿赤黑等及怯薛都等戰功銀鈔。賜招收散毛等洞官吏衣段。

八月庚午朔，蕭簡等十人歷河南五路，擅招闌遺戶。事覺，議其爲首者從軍自效，餘皆杖之。乙亥，改蒙古侍衞總管〔府〕爲蒙古侍衞親軍都指揮使司。〔六〕丙子，太陰犯心東星。丁丑，唆都請招三佛齊等八國，不從。鎭守南劍路萬戶呂宗海竊兵亡去，詔追捕之。戊寅，占城、馬八兒國皆遣使奉表稱臣，貢寶物犀象。以前所括願從軍者爲軍，付茶忽領之，征日本。丁亥，許衡致仕，官其子師可爲懷孟路總管，以便侍養。納碧玉盞六、白玉盞十五于太廟。癸巳，賜西平王所部糧。戊戌，高麗王王(睶)〔賰〕來朝，且言將益兵三萬征日本。以范文虎、忻都、洪茶丘爲中書右丞，李庭、張拔突爲參知政事，並行中書省事。賜闊里吉思等鈔，迷里兀合等羊馬，怯魯憐等牛羊馬價，及東宮位下怯憐口等粟帛。大都、北京、懷孟、保定、南京、許州、平陽旱，濮州、東平、濟寧、磁州水。

九月壬子，車駕至自上都。壬戌，也罕的斤進征斡端。癸亥，命沿途廩食和林回軍。甲子，太陰掩右執法幷犯歲星。乙丑，守庫軍盜庫鈔，八剌合赤分其贓，縱盜遁去，詔誅之。丁卯，羅氏鬼國主阿察及阿里降，安西王相李德輝遣人偕入覲。賜八剌合赤等羊馬價二萬八千三錠，及禿渾下貧民糧三月。

冬十月庚午，塔剌不罕軍與賊力戰者，命給田賞之。癸酉，加高麗國王王(睶)〔賰〕開府儀同三司、中書左丞相、行中書省事。甲戌，遣使括開元等路軍三千征日本。丙子，賜雲南王忽哥赤印。丁丑，以湖南兵萬人伐亦奚不薛，亦奚不薛降。戊寅，發兵十萬，命范文虎將之。賜右丞洪茶丘所將征日本新附軍鈔及甲。辛巳，立營田提舉司，從五品，俾置司柳林，割諸色戶千三百五十五隸之，官給牛種農具。壬午，詔立陝西四川等處行中書省，以不花爲右丞，李德輝、汪惟正並左丞。時德輝已卒。甲申，詔龍虎山天師張宗演赴闕。己丑，命都實窮黄河源。辛卯，以漢軍屯田沙、甘。壬辰，亦奚不薛病，遣其從子入覲。帝曰：「亦奚不薛不禀命，輒以職授其從子，無人臣禮。宜令亦奚不薛出，乃還軍。」癸巳，詔諭和州諸城招集流移之民。丙申，命在官者，任事一月，後月乃給俸，或(發)〔廢〕事者斥之。〔七〕遣使諭爪哇國及交趾國。始製象轎。給怯烈等糧。賜火察家貧乏者。

十一月己亥朔，翰林學士承旨和禮霍孫等言：「俱藍、馬八、闍婆、交趾等國俱遣使進表，乞答詔。」從之。仍賜交趾使人職名及弓矢鞍勒。降詔招諭爪哇國。乙巳，置泉府司，掌領御位下及皇太子、皇太后、諸王出納金銀事。敕别置局院以處童匠，有貧乏者，給以鈔幣。詔：「有罪配役者，量其程遠近；犯罪當死者，詳加審讞。」戊申，中書省臣議：「流通鈔法，凡賞賜宜多給幣帛，課程宜多收鈔。」制曰「可」。庚戌，命和禮霍孫汰交趾國使，除可留者，餘皆放還。辛亥，敕緩營建工役。壬子，詔諭俱藍國使來歸附。甲寅，太原路堅州進嘉禾六莖。壬戌，詔江淮行中書省括巧匠。甲子，詔頒授時曆。丁卯，詔以末甘孫民貧，除倉站税課外，免其役三年。復遣宣慰使教化、孟慶元等持詔諭占城國主，令其子弟或大臣入朝。詔江南、江北、陝西、河間、山東諸鹽場增撥竈戶。賜將作院呂合剌工匠銀鈔、幣帛。

十二月庚午，以江淮行省平章政事阿里伯、左丞燕鐵木兒擅易命官八百員，〔八〕自分左
右司官，鑄銀、銅印，復違命不散防守軍，敕誅之。辛未，以熟券軍還襄陽屯田。高麗國王
王(睶)〔賰〕領兵萬人、水手萬五千人、戰船九百艘、糧一十萬石，出征日本。給右丞洪茶丘
等戰具、高麗國鎧甲戰襖。諭諸道征日本兵取道高麗，毋擾其民。以高麗中贊金方慶爲征
日本都元帥，密直司副使朴球、金周鼎爲管高麗國征日本軍萬戶，並賜虎符。癸酉，以高麗
國王王(睶)〔賰〕爲中書右丞相。〔九〕甲戌，復授征日本軍官元佩虎符。丁丑，用忽辛言，以民
當站役，十戶爲率，官給一馬，死則買馬補之。戊寅，以奉使木剌由國速剌蠻等爲招討使，佩
金符。己卯，羅氏鬼國土寇爲患，思、播道路不通，發兵千人與洞蠻開道。甲申，甘州增置站
戶，詔於諸王戶藉內簽之。乙酉，敕民避役竄名匠戶者復爲民。淮西宣慰使昂吉兒請以軍士
屯田。阿塔海等以發民兵非便，宜募民願耕者耕之，且免其租三年，從之。丁亥，復詔管民
官兼管諸軍奧魯。戊子，以征也可不薛軍千五百復還塔海，戍八番、羅甸。壬辰，陳桂龍據
漳州反，唆都率兵討之，桂龍亡入畬洞。甲午，大都重建太廟成，自舊廟奉遷神主于祏室，
遂行大享之禮。置鎮北庭都護府于畏吾境，以脫脫木兒等領其事。丙申，遼東路所益兵以
妻子易馬，敕以合輸賦稅贖還之。敕鏤板印造帝師八合思八新譯戒本五百部，頒降諸路僧
人。左丞相阿朮巡歷西邊，至別十八里以疾卒。敕擅據江南逃亡民田者有罪。修桐柏山

淮瀆祠。以三茅山上淸四十三代宗師許道杞祈禱有驗，命別主道敎。安南國來貢馴象。賜蠻洞主銀鈔衣物有差。賑鞏昌、常德等路饑民，仍免其徭役。改拱衞司爲都指揮司。陞尙舍監秩三品。立太倉提舉司，秩五品。改建寧、雷州、封州、廉州、化州、高州爲路。以肇慶路隸廣南西道。遷峽州路于江北舊治。復置鄜縣，隸鞏昌路。宿州靈壁縣復隸歸德。

是歲，斷死罪一百二人。

十八年春正月戊戌朔，高麗國王王（睶）〔賰〕遣其僉議中贊金方慶來賀，兼奉歲幣。辛丑，召阿剌罕、范文虎、囊加帶同赴闕受訓諭，以拔都、張珪、李庭留後。命忻都、洪茶丘軍陸行抵日本，兵甲則舟運之，所過州縣給其糧食。用范文虎言，益以漢軍萬人。文虎又請馬二千給禿失忽思軍及回回砲匠。帝曰：「戰船安用此。」皆不從。癸卯，發鈔及金銀付孛羅，以給貧民。丁未，畋于近郊。敕江南州郡兼用蒙古、回回人。凡諸王位下合設達魯花赤，並令赴闕，仍詔諭諸王阿只吉等知之。己酉，改黃州陽羅堡復隸鄂州。辛亥，遣使代祀嶽瀆后土。壬子，高麗王王（睶）〔賰〕遣使言日本犯其邊境，乞兵追之。詔以戍金州隘口軍五百付之。丙辰，車駕幸漷州。改符寶局爲典瑞監，收天下諸司職印。丁巳，制以六祖李全祐嗣五祖李居壽祭斗。癸亥，邵武民高日新據龍樓寨爲亂，擒之。賞忻都等戰功。賜征日本諸軍鈔。

二月戊辰，發侍衞軍四千完正殿。賜征日本善射軍及高麗火長水軍鈔四千錠。辛未，車駕幸柳林。高麗王王(睶)〔賰〕以尙主，乞改宣命益駙馬二字。制曰「可」。乙亥，敕以耽羅新造船付洪茶丘出征。詔以刑徒減死者付忻都爲軍。揚州火，發米七百八十三石賑被災之家。詔諭范文虎等以征日本之意，仍申嚴軍律。立上都留守司。陞敍州爲路，隸安西省。移潭州省治鄂州。徙湖南宣慰司于潭州。乙酉，改畏吾斷事官爲北庭都護府，陞從二品。丙戌，征日本國軍啓行。浙東饑，發粟千二百七十餘石賑之。己丑，發肅州等處軍民鑿渠溉田。給征日本軍衣甲、弓矢、海青符。敕通政院官渾都與郭漢傑整治水驛，自敍州至荆南凡十九站，增戶二千一百、船二百十二艘。詔諭烏瑣納空等毋擾羅氏鬼國，違者令國主阿利具以名聞。福建省左丞蒲壽庚言：「詔造海船二百艘，今成者五十，民實艱苦。」詔止之。乙未，貞懿順聖昭天睿文光應皇后弘吉剌氏崩。

〔三月〕丙申〔朔〕，〔一〇〕車駕還宮。詔三茅山三十八代宗師蔣宗瑛赴闕。遣丹八八合赤等詣東海及濟源廟修佛事。以中書右丞、行江東道宣慰使阿剌罕爲中書左丞相，行中書省事，江西道宣慰使兼招討使也的迷失參知政事，行中書省事。以遼陽、懿、蓋、北京、大定諸州旱，免今年租稅之半。(三月)戊戌，〔一一〕許衡卒。己亥，敕黃平隸安西行省，鎭遠隸潭州行省，各遣兵戍守。甲辰，命天師張宗演即宮中奏赤章于天七晝夜。丙午，車駕幸上都。丙辰，陞軍器監爲三品。辛酉，立登聞鼓院，許有寃者撾鼓以聞。

夏四月辛未，益雲南軍征合剌章。癸酉，復頒中外官吏俸。辛巳，通、泰二州饑，發粟二萬一千六百石賑之。戊子，置蒙古漢人新附軍總管。甲午，命太原五戶絲就輸太原。自太和嶺至別十八里置新驛三十。賜征日本河西軍[illegible]

五月癸卯，禁西北邊回回諸人越境爲商。甲[illegible]，遣使賑瓜、沙州饑。戊申，罷霍州畏兀按察司。己酉，禁甘肅瓜、沙等州爲酒。壬子，免耽羅國今歲入貢白紵。丙辰，以烏蒙阿謀宣撫司隸雲南行省。歲星犯右執法。庚申，嚴鬻人之禁，乏食者量加賑貸。壬戌，詔括契丹戶。敕耽羅國達魯花赤塔兒赤，禁高麗全羅等處田獵擾民者。

六月丙寅，敕賽典赤、火尼赤分管烏木、拔都怯兒等八處民戶。謙州織工百四十二戶貧甚，以粟給之，其所鬻妻子官與贖還。以太原新附軍五千屯田甘州。丁丑，以按察司所劾羨餘糧四萬八千石餉軍。己卯，以順慶路隸四川東道宣慰司。安西等處軍站，凡和顧和買，與民均役。增陝西營田糧十萬石，以充常費。壬午，命耽羅戍力田以自給。日本行省臣遣使來言：「大軍駐巨濟島，至對馬島獲島人，言太宰府西六十里舊有戍軍已調出戰，宜乘虛擣之。」詔曰：「軍事卿等當自權衡之。」癸未，命中書省會計姚演所領漣、海屯田官給之資與歲入之數，便則行之，否則罷去。丁亥，放乞赤所招獵戶七千爲民。庚寅，以阿剌罕有疾，詔阿塔海統率軍馬征日本。壬辰，高麗國王王(睶)〔賰〕言，本國置驛四十，民畜凋弊，敕併爲二十站，仍給馬價八百錠。奉使木剌由國苦思丁至占城船壞，使人來言，乞給舟糧及益兵，詔給米一千四百餘石。以中書左丞忽都帖木兒爲中書右丞，行中書省事；御史中丞、行御史臺事忽剌出爲中書左丞，行尚書省事。〔三〕賜皇子南木合所部工匠羊馬價鈔。

秋七月甲午朔，命萬戶綦公直分宣慰使劉恩所將屯肅州漢兵千人，入別十八里，以嘗過西川兵百人爲嚮導。丁酉，敕甘州置和中所，以給兵糧。京兆四川分置行省於河西。己亥，阿剌罕卒。庚子，括回回砲手散居他郡者，悉令赴南京屯田。癸卯，太陰犯房距星。庚戌，以忻都戍大和嶺所將蒙古軍還，復令漢軍戍守。以松州知州僕散禿哥前後射虎萬計，賜號萬虎將軍。賜貴赤合八兒禿所招和、眞、滁等戶二千八百二十，俾自領之。辛酉，唆都征占城，賜駝蓬以辟瘴毒。占城國來貢象犀。命天師張宗演等卽壽寧宮奏赤章于天凡五晝夜。

八月甲子朔，招討使方文言擇守令、崇祀典、[illegible]禁盜賊、治軍旅、獎忠義六事，詔廷臣及諸老議舉行之。丙寅，熒惑犯諸侯西第三星。庚午，忙古帶爲中書右丞，行中書省事。辛未，敕隆興行省參政劉合拔兒禿，凡金穀造作專領之。乙亥，甘州凡諸投下戶，依民例應站役。申嚴大都總管府、兵馬司、左右巡院斂民之禁。庚寅，以阿剌罕既卒，命阿塔海等分戍三海口。令阿塔海就招海中餘寇。高麗國王王（賰）〔睶〕遣其密直司使韓康來賀聖誕節。壬辰，以開元等路六驛饑，命給幣帛萬二千匹，其鬻妻子者官爲贖之。詔征日本軍回，所在官爲給糧。忻都、洪茶丘、范文虎、李庭、金方慶諸軍，船爲風濤所激，大失利，餘軍回至高麗境，十存一二。設醮于上都壽寧宮。賜歡只兀部及滅乞里等羊馬價，及衆家奴等助軍羊馬鈔。賜常河部軍貧乏者，給過西川軍糧。海南諸國來貢象犀方物。給怯薛丹糧，拘其所占田爲屯田。

閏月癸巳朔，熒惑犯司怪南第二星。阿塔海乞以戍三海口軍擊福建賊陳吊眼，詔以重勞不從。敕守縉山道侍衞軍還京師。壬辰，〔一三〕瓜州屯田進瑞麥一莖五穗。丙午，車駕至自上都。庚戌，太陰犯昴。丁巳，命播州每歲親貢方物。改思州宣撫司爲宣慰司，兼管內安撫使。陞高麗僉議府爲從三品。敕中書省減執政及諸司冗員。遣兀良合帶運沙城等糧六千石入和林。括江南戶口稅課。庚申，安南國貢方物。江西行省薦舉兵官，命罷之。壬戌，詔諭斡端等三城官民及忽都帶兒，括不闌奚人口。兩淮轉運使阿剌瓦丁坐盜官鈔二萬一千五百錠，盜取和買馬三百四十四匹，朝廷宣命格而弗頒，又以官員所佩符擅與家奴往來貿易等事，伏誅。賜謙州屯田軍人鈔幣、衣裘等物，及給農具漁具。償站匠等助軍羊馬價。

九月癸亥朔，畋于近郊。甲子，增大都巡兵千人。給鈔賑上都饑民。癸酉，商賈市舶物貨已經泉州抽分者，諸處貿易，止令輸稅。益躭羅戍兵，仍命高麗國給戰具。庚辰，還宮。辛巳，大都立蒙古站屯田，編戶歲輸包銀者及眞定等路闌遺戶，並令屯田，其在眞定者與免皮貨。癸未，京兆等路歲辦課額，自一萬九千錠增至五萬四千錠，阿合馬尙以爲未實，欲覈之。帝曰：「阿合馬何知。」事遂止。大都、新安縣民復和顧和買。甲申，太陰犯軒轅大星。壬辰，占城國來貢方物。賜修大都城侍衞軍鈔幣有差。賞北征軍銀鈔。賜怯憐口及四斡耳朶下與范文虎所部將士羊馬、衣服、幣帛有差。

冬十月乙未，享于太廟，貞懿順聖昭天睿文光應皇后祔。丙申，募民淮西屯田。己亥，議封安南王號，易所賜安南國畏吾字虎符，以國字書之。仍降詔諭安南國，立日烜之叔遺愛爲安南國王。庚子，溪洞新附官鎭安州岑從毅，縱兵殺掠，迫死知州李顯祖，召從毅入覲。壬寅，賜征日本將校衣裝、幣帛、靴帽等物有差。乙巳，命安西王府協濟戶及南山隘口軍，於安西、延安、鳳翔、六盤等處屯田。河西置織毛段匠提舉司。丁未，安南國置宣慰司，以北京路達魯花赤孛顏帖木兒參知政事，行安南國宣慰使，都元帥、佩虎符柴椿、忽哥兒副之。給鈔萬錠，付河西行省以備經費。己酉，張易等言：「參校道書，惟道德經係老子親著，餘皆後人僞撰，宜悉焚毀。」從之，仍詔諭天下。給隆興行省海青符。命失里咱牙信合八剌麻合迭瓦爲占城郡王，加榮祿大夫，賜虎符。立行中書省占城，以唆都爲右丞，劉深爲左丞，兵部侍郎也〔里〕〔黑〕迷失參知政事。〔一四〕庚戌，敕以海船百艘、新舊軍及水手合萬人，期以明年正月征海外諸番，仍諭占城郡王給軍食。以安南國王陳遺愛入安南，發新附軍千人衞送。詔諭干不昔國來歸附。壬子，用和禮霍孫言，於揚州、隆興、鄂州、泉州四省，置蒙古提舉學校官各二員。以翰林學士承旨撒里蠻兼領會同舘、集賢院事，以平章政事、樞密副使張易兼領祕書監、太史院、司天臺事，以翰林學士承旨和禮霍孫守司徒。改大都南陽眞定等處屯田孛蘭奚總管府爲農政院。癸丑，皇太子至自北邊。丙辰，以兀良合帶言，上都南四站人畜困乏，賜鈔給之。庚申，籍西川戶。辛酉，邵武叛人高日新降。給征日本回侍衞新附軍冬衣。賜劉天錫等銀幣，勝兀剌等羊馬鈔，諸王阿只吉等馬牛羊，各有差。

十一月癸亥朔，詔諭探馬禮，令歸附。甲子，敕誅陳吊眼首惡者，餘並收其兵仗，繫送京師。己巳，敕軍器監給兵仗付高麗沿海等郡。奉使占城孟慶元、孫勝夫並爲廣州宣慰使，兼領出征調度。高麗國、金州等處置鎭邊萬戶府，以控制日本。高日新及其弟鼎新等至闕，以日新兩爲叛首，授山北路民職。文慶之屬，遣還泉州。賜有功將校二百二十三員銀十萬兩及幣帛、弓矢、鞍勒有差。詔安南國王給占城行省軍食。高麗國王請完濱海城，防日本，不允。辛未，給諸王阿只吉糧六千石。甲戌，太陰犯五車次南星。乙亥，召法師劉道眞，問祠太乙法。丁丑，太陰犯鬼。壬午，詔諭爪哇國主，使親來覲。昌州及蓋里泊民饑，給鈔賑之。丙戌，給鈔二萬錠付和林貿易。敕征日本回軍後至者分戍沿海。丁亥，太陰掩心東星。給揚州行省新附軍將校鈔，人二錠。己（酉）〔丑〕，〔一五〕賜安南國出征新附軍鈔。賜禮部尚書留夢炎及出使馬八國俺都剌等鈔各有差。

十二月甲午，以瓮吉剌帶爲中書右丞相。己亥，罷日本行中書省。丙午，太陰犯軒轅大星。丁未，議選侍衞軍萬人練習，以備扈從。陞太常寺爲正三品。辛亥，命西川行省給萬家奴所部兵仗。癸丑，敕免益都、淄萊、寧海開河夫今年租賦，仍給其傭直。乙卯，以諸王札忽兒所占文安縣地給付屯田。丙辰，調新附軍屯田。獲福州叛賊林天成，戮于市。免福州路今年稅二分，十八年以前租稅並免徵。以漢州德陽縣隸成都（府）〔路〕。〔一六〕改漳州爲路。賜禮部尚書謝昌元鈔。賞捏古伯戰功銀有差。償阿只吉等助軍馬價。賜塔剌海籍沒戶五十。

是歲，保定路淸苑縣水，平陽路松山縣旱，〔一七〕高唐、夏津、武城等縣蟊害稼，並免今年租，計三萬六千八百四十石。斷死罪二十二人。

校勘記

〔一〕王（睶）〔賰〕　見卷九校勘記〔九〕。下同。

〔二〕羅（壁）〔璧〕　據本書卷一六六本傳改。下同。蒙史已校。

〔三〕改德慶（路）〔府〕爲總管府　按本書卷六二地理志德慶路條云，德慶府係宋所置，元至元十七年立德慶路總管府。元制路設總管府，是所改者爲德慶府，非德慶路。此處「路」字誤，今改。本證已校。

〔四〕（析）〔祁〕志誠　據李謙祁志誠道行碑碑在今宣化金閣山靈眞觀及虞集道園學古錄卷四六白雲觀記改。

〔五〕（西安）〔安西〕王薨罷其王相府　「西安」爲「安西」之誤倒，今改正。按本書卷一六三趙炳傳及元文類卷四九姚燧李德輝行狀，安西王死于至元十五年十一月，至十七年始罷其王相府，此處以安西王死與罷王相府並書，誤。考異已校。

〔六〕改蒙古侍衞總管〔府〕爲蒙古侍衞親軍都指揮使司　據本書卷八六百官志補。蒙史已校。

〔七〕或（發）〔廢〕事者斥之　從北監本改。

〔八〕左丞燕鐵木兒　按本書卷一七三崔斌傳、卷二〇五阿合馬傳，當時江淮行省左丞爲崔斌，燕鐵木兒係右丞。續通鑑改「左」爲「右」，疑是。

〔九〕以高麗國王王(賰)〔睶〕爲中書右丞相　本證云：「按此亦行省，紀前後文及傳俱稱左丞相，此又誤作右丞相。」

〔一〇〕〔三月〕丙申〔朔〕　按以至元十八年正月戊戌朔推之，丙申爲三月朔，今補。

〔一一〕(三月)戊戌　按三月丙申朔，此處「三月」二字誤出，今删。

〔一二〕行尚書省事　按尚書省罷於至元八年，至二十四年始復立，十八年無尚書省，「尚」當作「中」。蒙史已校。

〔一三〕壬辰　按是月癸巳朔，無壬辰日。此「壬辰」在癸巳初一日、丙午十四日間，疑爲壬寅初十日或甲辰十二日之誤。

〔一四〕也(里)〔黑〕迷失　據本書卷一三一本傳改。按本傳作「亦黑迷失」，「也」、「亦」譯音異字，「里」誤。蒙史已校。

〔一五〕己(酉)〔丑〕　按是月癸亥朔，無己酉日。此「己酉」在丁亥二十五日後，爲己丑二十七日之誤，今改。

〔一六〕成都(府)〔路〕　據本書卷六〇地理志成都路條改。

〔一七〕平陽路松山縣旱　按本書卷五八地理志，松山縣至元二年省入松州，隸上都路，與平陽路無涉。平陽路有浮山縣。此處疑「松」爲「浮」之誤。

元史卷十二

本紀第十二

世祖九

十九年春正月壬戌朔，高麗國王王(睶)〔賰〕遣其大將軍金子廷來賀。〔一〕丙寅，罷征東行中書省。丁卯，諸王札剌忽至自軍中。時皇子北平王以軍鎮阿里麻里之地，以禦海都。諸王昔里吉與脫脫木兒、䜌木忽兒、撒里蠻等謀劫皇子北平王以叛，欲與札剌忽結援於海都，海都不從。撒里蠻悔過，執昔里吉等，北平王遣札剌忽以聞。妖民張圓光伏誅。立太僕院。撥信州民四百八戶，隸諸王柏木兒。丙子，車駕畋于近郊。丁丑，高麗國王貢紬布四百匹。丙戌，賜西平王怯薛那懷等鈔一萬一千五百二十一錠。

二月辛卯朔，車駕幸柳林。饒州總管姚文龍言，江南財賦歲可辦鈔五十萬錠，詔以文龍爲江西道宣慰使，兼措置茶法。命司徒阿你哥、行工部尚書納懷製飾銅輪儀表刻漏。敕改給駙馬昌吉印。修宮城、太廟、司天臺。癸巳，調軍一萬五千、馬五千匹，征也可不薛。敕以遣使代祀嶽瀆后土。甲午，甘州逃軍二千二百人自陳願挈家四千九百四十口還戍，敕以鈔一萬六百二十錠、布四千九百四十匹、驢四千九百四十頭給之。議征緬國，以太卜爲右丞，也罕的斤爲參政，領兵以行。戊戌，給別十八里元帥綦公直軍需。遣使往乾山，造江南戰船千艘。庚子，賜諸王塔剌海籍沒五十戶，願受十二戶。孛羅歡理算未徵糧二十七萬石，詔徵之。壬寅，陞軍器監秩三品。命軍官陣亡者，其子襲職，以疾卒者，授官降一等，具爲令。授溪洞招討使郭昂等九人虎符，仍賞張溫、顏義顯銀各千兩。收晃兀兒塔海民匠九百五十三戶入官。乙巳，立廣東按察司。戊申，車駕還宮。己酉，減省部官冗員。改上都宣課提領爲宣課提舉司。立鐵冶總管府，罷提舉司。減大都稅課官十四員爲十員。改羅羅斯宣慰司隸雲南省。徙浙東宣慰司於溫州。分軍戍守江南，自歸州以及江陰至三海口，凡二十八所。庚戌，以參知政事唐兀帶等六人，鎭守黃州、建康、江陵、池州、興國。壬子，詔簽亦奚不薛及播、思、敍三州軍征緬國。癸丑，大良平元帥蒲元圭遣其男世能入覲。甲寅，車駕幸上都。申嚴漢人軍器之禁。丁巳，安州張拗驢以詐敕及僞爲丞相孛羅署印，伏誅。戊午，賜雲南使臣及陝西僉省八八以下銀鈔、衣服有差。籍福建戶數。

三月辛酉朔，烏蒙民叛，敕那懷、火魯思迷率蒙古、漢人新附軍討之。賞忽都答兒等戰功牛羊馬。益都千戶王著，以阿合馬蠹國害民，與高和尙合謀殺之。〔三〕壬午，誅王著、張易、高和尙于市，皆醢之，餘黨悉伏誅。甲申，的斤帖林以己貲充屯田之費，諸王阿只吉以聞，敕酬其直。丙戌，禁益都、東平、沿淮諸郡軍民官捕獵。戊子，立塔兒八合你驛，以烏蒙阿謀歲輸驛馬給之。以領北庭都護阿必失哈爲御史大夫，行御史臺事。

夏四月辛卯，敕和禮霍孫集中書省部、御史臺、樞密院、翰林院等官，議阿合馬所管財賦，先行封籍府庫。丁酉，以和禮霍孫爲中書右丞相，降右丞相瓮吉剌帶爲留守，仍同僉樞密院事。戊戌，征蠻元帥完者都等平陳吊眼巢穴班師，賞其軍鈔，仍令還家休息。遣揚州射士戍泉州。陳吊眼父文桂及兄弟桂龍、滿安納款，命護送赴京師。其黨吳滿、張飛迎敵，就誅之。敕以大都巡軍隸留守司。壬寅，立回易庫。中書左丞耿仁等言：「諸王公主分地所設達魯花赤，例不遷調，百姓苦之。依常調，任滿，從本位下選代爲宜。」從之。以留守司兼行工部。敕自今歲用官車，勿賦於民，可卽灤河造之，給其糧費。甲辰，以甘州、中興屯田兵逃還太原，誅其拒命者四人，而賞不逃者。乙巳，以阿合馬家奴忽都答兒等久總兵權，令博敦等代之，仍隸大都留守司。弛西山薪炭禁。以阿合馬之子江淮行中書省平章政事忽辛罪重於父，議究勘之。考覈諸處平準庫，汰倉庫官。御史臺臣言：「見在贓罰鈔三萬錠，金銀、珠玉、幣帛稱是。」詔留以給貧乏者。丙午，收諸王別帖木兒總軍銀印。敕也里可溫依僧例給糧。戊申，寧國路太平縣饑，民採竹實爲糧，活者三百餘戶。敕出使人還，不卽以所給符上，與上而有司不卽收者，皆罪之。凡文書並奏可始用御寶。己酉，刊行蒙古畏吾兒字所書通鑑。以和禮霍孫爲右丞相詔天下。庚戌，行御史臺言：「阿里海牙占降民爲奴，而以爲征討所得。」有旨降民還之有司，征討所得，籍其數量，賜臣下有功者。以興兵問罪海外，天下供給繁重，詔慰諭軍民，應有逋欠錢糧及官吏侵盜並權停罷。設懷孟路管河渠使、副各一員。拘括江南官豪隱匿逃軍。壬子，罷江南諸司自給驛券。丙辰，敕以妻女姊妹獻阿合馬得仕者，黜之。覈阿合馬占據民田，給還其主；庇富强戶輸賦其家者，仍輸之官。北京宣慰使阿老瓦丁濫舉非才爲管民官，命選官代之。議設鹽使司賣鹽引法，擇利民者行之，仍令按察司磨刷運司文卷。定民間貸錢取息之法，以三分爲率。定內外官以三年爲考，滿任者遷敍，未滿者不許超遷。禁吐蕃僧給驛太繁，擾害於民，自今非奉旨勿給。給控鶴人鈔一萬五錠，及其官吏有差。

五月己未朔，鈎考萬億庫及南京宣慰司。沙汰省部官，阿合馬黨人七百十四人，已革者百三十三人，餘五百八十一人並黜之。瀘州管軍總管李從，坐受軍士賄縱其私還，致萬戶爪難等爲賊所殺，伏誅。籍阿合馬馬駝牛羊驢等三千七百五十八。追治阿合馬罪，剖棺戮其尸於通玄門外。罷南京宣慰司及江南財賦總管府。丁卯，降各省給驛璽書。戊辰，併江西、福建行省。去江南冗濫官。免福建山縣鎭店宣課。禁當路私人權府、州、司、縣官。招諭畬洞人，免其罪。禁差戍軍防送。禁人匠提舉擅招匠戶。己巳，遣浙西道宣慰司同知劉宣等理算各鹽運司及財賦府茶場都轉運司出納之數。籍阿合馬妻子親屬所營資產，其奴婢縱之爲民。罷宣慰使所帶相銜。壬申，鎖繫耿仁至大都，命中書省鞫之。庚辰，議於平灤州造船，發軍民合九千人，令探馬赤伯要帶領之，伐木於山，及取於寺觀墳墓，官酬其直，仍命桑哥遣人督之。癸未，給大都拔都兒正軍夏衣。和禮霍孫言，省部濫官七百十四員，其無過者五百八十一員姑存之。沿海左副都元帥石國英請以稅戶贍軍，軍逃死者，令其補足；站戶苗稅，貧富不均者，宜均其役。又請行鹽法，汰官吏，罷捕戶。詔中書集議行之。張惠、阿里罷。以甘肅行省左丞麥朮丁爲中書右丞，行御史臺御史中丞張雄飛參知政事。乙酉，元帥綦公直言：「乞黥逃軍，仍使從軍，及設立冶場於別十八里，鼓鑄農器。」從之。丙戌，別十八里城東三百餘里蝗害麥。

六月己丑朔，日有食之。〔三〕芝生眉州。甲午，阿合馬濫設官府二百四所，詔存者三十三，餘皆罷。又江南宣慰司十五道，內四道已立行中書省，罷之。乙未，發六盤山屯田軍七百七十人，以補劉恩之軍。敕宣慰司等官毋役官軍。丙申，發射士百人衞丞相，他人不得援例。戊戌，以占城既服復叛，發淮、浙、福建、湖廣軍五千、海船百艘、戰船二百五十，命唆都爲將討之。亡宋軍有手號及無手號者，並聽爲民。己亥，命何子志爲管軍萬戶，使暹國。辛丑，籍阿合馬妻子壻奴婢財產。癸卯，禁濫保軍功。乙巳，招無籍軍給衣糧。己酉，賞太子府宿衞軍禦盜之功，給鈔、馬有差，無妻者以沒官寡婦配之。以阿合馬居第賜和禮霍孫。壬子，申敕中外百官立限決事。癸丑，從和禮霍孫言，罷司徒府及農政院。鎖繫忽辛赴揚州鞫治。丁巳，征亦奚不薛，盡平其地，立三路達魯花赤，留軍鎮守，命藥剌海總之，以也速帶兒爲都元帥宣慰使。

秋七月戊午朔，日有食之。立行樞密院於揚州、鄂州。庚申，命行御史臺揀汰各道按察司官。辛酉，剖郝禎棺，戮其尸。壬戌，命以官錢給戍軍費，而以各奥魯所征還官。禁諸位下營運錢貨差軍護送。高麗國王請自造船一百五十艘，助征日本。戊辰，征鴨池回軍屯田安西，以鈔給之。庚午，令蒙古軍守江南者更番還家。壬申，發察罕腦兒軍千人治（晉）〔縉〕山道。〔四〕立馬湖路總管府。癸酉，賜高麗王王（睶）〔賰〕金印。（癸酉）宣慰孟慶元、萬戶孫勝夫使爪哇回，〔五〕爲忙古帶所囚，詔釋之。丁丑，罷汪札剌兒帶總帥，收其制命、虎符。以鞏昌路達魯花赤別速帖木兒爲鞏昌平涼等處二十四處軍前便宜都總帥府達魯花赤。以蒙古人孛羅領湖北辰、沅等州淘金事。戊寅，議築阿失答不速皇城，樞密院言，用木十二萬，地遠難致，依察罕腦兒築土爲牆便，從之。乙酉，賜諸王塔海帖木兒、忽都帖木兒等金銀、幣帛有差。闍婆國貢金佛塔。發米賑乞里吉思貧民。

八月丁亥朔，給乾山造船軍匠冬衣，及新附軍鈔。庚寅，忙古帶征羅氏鬼國還，仍佩虎符，爲管軍萬戶。辛卯，以阿八赤督運糧。癸巳，發羅羅斯等軍助征緬國。辛亥，併淄萊路田、索二鎭，仍於驛臺立新城縣治。大駕駐蹕龍虎臺。江南水，民饑者衆；眞定以南旱，民多流移；和禮霍孫請所在官司發廩以賑，從之。申嚴以金飾車馬服御之禁。又禁諸監官不得令人匠私造器物。甲寅，聖誕節，是日還宮。乙卯，御正殿，（授）〔受〕皇太子、諸王、百官朝賀。〔六〕丙辰，謫捏兀迭納戍占城以贖罪。

九月丁巳朔，賑眞定饑民，其流移江南者，官給之糧，使還鄉里。敕中書省窮治阿合馬之黨。別速帶請於羅卜、闍里輝立驛，從之。以阿合馬沒官田產充屯田。籍阿里家。戊午，誅阿合馬第三子阿散，仍剝其皮以徇。庚申，汰冗官。游顯乞罷漣、海州屯田，以其事隸管民官，從其請，仍以顯平章政事，行省揚州。福建宣慰司獲倭國諜者，有旨留之。辛酉，誅耿仁、撒都魯丁及阿合馬第四子忻都。招討使楊庭（壁）〔璧〕招撫海外，〔七〕南番皆遣使來貢。俱藍國主遣使奉表，進寶貨、黑猿一。那旺國主忙昂，以其國無識字者，遣使四人，不奉表。蘇木都（速）〔剌〕國主土漢八的亦遣使二人。〔八〕蘇木達國相臣那里八合剌攤赤，因事在俱藍國，聞詔代其主打古兒遣使奉表，進指環、印花綺段及錦衾二十合。寓俱藍國也里可溫主兀咱兒撒里馬亦遣使奉表，進七寶項牌一、藥物二瓶。又管領木速蠻馬合馬亦遣使奉表，同日赴闕。壬戌，禁諸人不得沮撓課程。敕：「官吏受賄及倉庫官侵盜，臺察官知而不糾者，驗其輕重罪之。中外官吏贓罪，輕者杖決，重者處死。言官緘默，與受贓者一體論罪。」仍詔諭天下。乙丑，簽亦奚不薛等處軍。丁卯，安南國進貢犀兕、金銀器、香藥等物。增給元帥綦公直軍冬衣鈔。己巳，命軍站戶出錢助民和顧和買。籍雲南新附戶。自兀良合帶鎮雲南，凡八籍民戶，四籍民田，民以爲病。至是，令已籍者勿動，新附者籍之。定雲南稅賦用金爲則，以貝子折納，每金一錢直貝子二十索。罷雲南宣慰司。壬申，敕平灤、高麗、耽羅及揚州、隆興、泉州共造大小船三千艘。亦奚不薛之北，蠻洞向世雄兄弟及散毛諸洞叛，命四川行省就遣亦奚不薛軍前往招撫之，使與其主偕來。癸酉，阿合馬姪宰奴丁伏誅。罷忽辛黨馬璘江淮行省參知政事。丁亥，〔九〕遣使括雲南所產金，以孛羅爲打金洞達魯花赤。戊寅，給新附軍賈祐衣糧。祐言爲日本國焦元帥婿，知江南造船，遣其來候動靜，軍馬壓境，願先降附。辛巳，敕各行省止用印一，餘者拘之，及拘諸位下印。發鈔三萬錠，於隆興、德興府、宣德州和糴糧九萬石。壬申，〔一〇〕賜諸王阿只吉金五千兩、銀五萬兩。釐正選法，置黑簿以籍阿合馬黨人之名。令諸路歲貢儒、吏各一人，各道提刑按察司舉廉能者陞等遷敍。

冬十月丁亥朔，增兩浙鹽價。詔整治鈔法。己丑，敕河西僧、道、也里可溫有妻室者，同民納稅。庚寅，以歲事不登，聽諸軍捕獵於汴梁之南。辛卯，以平章軍國重事、監修國史耶律鑄爲中書左丞相。壬辰，享于太廟。罷西京宣慰司。丙申，初立詹事院，以完澤爲右詹事，賽陽爲左詹事。由大都至中灤，中灤至瓜州，設南北兩漕運司。立蘆臺越支三叉沽鹽使司，河間滄清、山東濱、樂安及膠萊、莒密鹽使司五。敕籍沒財物精好者及金銀幣帛入內帑，餘付刑部，以待給賜。禁中出納分三庫：御用寶玉、遠方珍異隸內藏，金銀、只孫衣段隸右藏，常課衣段、綺羅、縑布隸左藏。設官吏掌鑰者三十二人，仍以宦者二十二人董其事。減太府監官。癸卯，命崔彧等鈎考樞密院文卷。甲辰，占城國納款使回，賜以衣服。乙巳，遣阿躭招降法里郎、阿魯、乾伯等國。罷屯田總管府，以其事隸樞密院，令管軍萬戶兼之。丙午，以汪惟孝爲總帥。丁未，女直六十自請造船運糧赴鬼國贍軍，從之。議征(叉)〔叉〕巴洞。〔二〕庚戌，以四川民僅十二萬戶，所設官府二百五十餘，令四川行省議減之。移成都宣慰司於碉門。罷利州及順慶府宣慰司。禁大都及山北州郡酒。詔兩廣、福建五品以下官，從行省就便銓注。耶律鑄言：「有司官吏以采室女，乘時害民。如令大郡歲取三人，小郡二人，擇其可者，厚賜其父母，否則遣還爲宜。」從之。籍京畿隱漏田，履畝收稅。命游顯專領江浙行省漕運。乙卯，命堅童專掌奏記。誅阿合馬長子忽辛、第二子抹速忽於揚州，皆醢之。

十一月戊午，上都建利用庫。賜太常禮樂、籍田等三百六十戶鈔千二百錠。甲子，給欠州屯田軍衣服。丁卯，給（河）〔和〕林戍還軍校銀鈔、幣帛。〔一二〕江南襲封衍聖公孔洙入覲，以爲國子祭酒，兼提舉浙東道學校事，就給俸祿與護持林廟璽書。詔以阿合馬罪惡頒告中外，凡民間利病卽與興除之。壬申，以勢家爲商賈者阻遏官民船，立沿河巡禁軍，犯者沒其家。癸酉，分元帥綦公直軍戍曲先。甲戌，中書省臣言：「天下重囚，除謀反大逆，殺祖父母、父母，妻殺夫，奴殺主，因姦殺夫，並正典刑外，餘犯死罪者，令充日本、占城、緬國軍。」從之。改鑄省印。丙子，四川行省招諭大盤洞主向臭友等來朝。戊寅，耶律鑄言：「前奉詔殺人者死，仍徵燒埋銀五十兩，後止徵鈔二錠，其事太輕。臣等議，依蒙古人例，犯者沒一女入仇家，無女者徵鈔四錠。」從之。以袁州、饒州、興國軍復隸隆興省。馬八兒國遣使以金葉書及土物來貢。罷都功德使脫烈，其修設佛事妄費官物，皆徵還之。賜貧乏者合納塔兒、八只等羊馬鈔。

十二月丁亥〔朔〕，命阿剌海領范文虎等所有海船三百艘。壬寅，〔一三〕中書左丞張文謙爲樞密副使。乙未，中書省臣言：「平原郡公趙與芮、瀛國公趙㬎、翰林直學士趙與（票）〔㬇〕，〔一四〕宜並居上都。」帝曰：「與芮老矣，當留大都，餘如所言。」繼有旨，給瀛國公衣糧發遣之，唯與（票）〔熛〕勿行。以中山薛保住上匿名書告變，殺宋丞相文天祥。癸卯，御史中丞崔彧言：「臺臣於國家政事得失、生民休戚、百官邪正，雖王公將相亦宜糾察。近唯御史有言，臣以爲臺官皆當建言，庶於國家有補。選用臺察官，若由中書，必有偏徇之弊。御史宜從本臺選擇，初用漢人十六員，今用蒙古人十六員，相參巡歷爲宜。」從之。浚濟川河。降拱衞司復正四品，仍收其虎符。罷湖廣行省金銀鐵冶提舉司，以其事隸各路總管府。以建康淘金總管府隸建康路。中書右丞札散爲平章政事。罷解鹽司及諸鹽司，令運司官親行調度鹽引。罷南京屯田總管府，以其事隸南陽府。阿里海牙復鎭遠軍，發軍千人戍守，以其地與西川行省接，就以隸焉。詔立帝師答耳麻八剌剌吉塔，掌玉印，統領諸國釋教。造帝師八合思八舍利塔。免鞏昌等處積年所欠田租稅課。賜皇子北安王位下塔察兒等馬牛羊各有差。

二十年春正月丙辰朔，高麗國王王（晧）〔賰〕遣其大將軍俞洪愼來賀。己未，納皇后弘吉剌氏。辛酉，賜諸王出伯印。賞諸王必赤帖木兒、〔一五〕駙馬昌吉軍鈔。敕諸王、公主、駙馬得江南分地者，於一萬戶田租中輸鈔百錠，准中原五戶絲數。癸亥，敕藥剌海領軍征緬國。乙丑，高麗國王王（晧）〔賰〕遣使兀剌帶貢氎布線紬等物四百段。和禮霍孫言：「去冬中山府奸民薛寶住爲匿名書來上，妄效東方朔書，欺罔朝廷，希覬官賞。」敕誅之。又言：「自今應訴事者，必須實書其事，赴省、臺陳告。其敢以匿名書告事，重者處死，輕者流遠方；能發其事者，給犯人妻子，仍以鈔賞之。又阿合馬專政時，衙門太冗，虛費俸祿，宜依劉秉忠、許衡所定，併省爲便。」皆從之。設務農司。敕諸事赴省、臺訴之，理決不平者，許詣登聞鼓院擊鼓以聞。預備征日本軍糧，令高麗國備二十萬石。以阿塔海依舊爲征東行中書省丞相。丙寅，發五衞軍二萬人征日本。發鈔三千錠糴糧于察罕腦兒，以給軍匠。以燕南、河北、山東諸郡去歲旱，稅糧之在民者，權停勿徵。仍諭：「自今管民官，凡有災傷，過時不申，及按察司不卽行視者，皆罪之。」刑部尚書崔彧言時政十八事，詔中書省與御史大夫玉速帖木兒議行之。罷上都回易庫。丁卯，伯要帶等伐船材于烈堝都山、乾山凡十四萬二千有奇，起諸軍貼戶年及丁者五千人、民夫三千人運之。己巳，太陰犯軒轅御女。賜諸王也里干、塔納合、奴木赤金各五十兩、金衣襖一。庚午，以平灤造船去運木所遠，民疲於役，徙於陽河造之。壬申，御史臺言：「燕南、山東、河北去年旱災，按察司已嘗閱視，而中書不爲奏免，民何以堪。請權停稅糧。」制曰「可」。移鞏昌按察司治甘州。命右丞闍里帖木兒及萬戶三十五人、蒙古軍習舟師者二千人、探馬赤萬人、習水戰者五百人征日本。丁丑，以招討楊廷(壁)〔璧〕爲宣慰使，〔一六〕賜弓矢鞍勒，使諭俱藍等國。己卯，命諸軍習舟檝，給鈔八千錠於隆興、宣德等處和糴以贍之。庚辰，太陰入南斗。壬午，車駕畋于近郊。以四川歸附官楊文安爲荊南道宣慰使。改廣東提刑按察司爲海北廣東道，廣西按察司爲廣西海北道，福建按察司爲福建閩海道，鞏昌按察司爲河西隴北道。癸未，撥忽蘭及塔剌不罕等四千戶隸皇太子位下。壬戌，〔一七〕敕於禿烈禿等富戶內貸牛六百頭，給乞里〔古〕〔吉〕思之貧乏者。〔一八〕

二月戊子，定兩廣、四川戍軍二三年一更，廩其家屬，軍官給俸以贍之。賜俱藍國王瓦你金符。賜駙馬阿禿江南民千戶。以春秋仲月上戊日祭社稷及武成王。庚寅，太陰掩昴。癸巳，敕斡脫錢仍其舊。丁酉，給別十八里屯田軍戰襖。庚子，敕權貴所占田土，量給各戶之外，餘者悉以與怯薛帶等耕之。減四川官府，併西川東、西、北三道宣慰司，及潼川等路鎮守萬戶府、新軍總管府，威、灌、茂等州安撫司十四處。是夜太白犯昴。辛丑，定軍官選格。立官吏贓罪法。壬寅，太白犯昴。乙巳，令隆興行省遣軍護送占城糧船。太陰犯心。丁未，定安洞酋長遣其兄弟入覲，敕給驛馬。己酉，陞闌遺監秩正五品。癸丑，諭中書省：「大事奉聞，小事便宜行之，毋致稽緩。」甲寅，降太醫院爲尙醫監，改給銅印。立江南等處官醫提舉司。賜日本軍官八忽帶及軍士銀鈔有差。〔一九〕敕遣官錄揚州囚徒。

三月丁巳，諸王勝納合兒設王府官三員。以萬戶不都蠻鎭守金齒。罷女直造日本出征船。罷河西行御史臺。立鞏昌等處行工部。罷福建市舶總管府，存提舉司。併泉州行省入福建行省。免福建歸附後未徵苗稅。以闊闊你敦治江淮行省，或言其過，命兀奴忽帶、伯顏佐之。戊午，以新附洞蠻酋長爲千戶。己未，歲星犯鍵閉。罷京兆行省，立行工部。御史臺臣言：「平灤造船，五臺山造寺伐木，及南城建新寺，凡役四萬人，乞罷之。」詔：「伐木建寺卽罷之，造船一事，其與省臣議。」前後衞軍自願征日本者，命選留五衞漢軍千餘，其新附軍令悉行。庚申，太陰犯井。辛酉，賞諸王合班弟忙兀帶所部軍士戰功，銀鈔、幣帛、衣服各有差。給甘州戍軍鈔。壬戌，太陰犯鬼。乙丑，命兀奴忽魯帶往揚州錄囚，遣江北重囚謫征日本。立雲南按察司，照刷行省文卷。罷淮安等處淘金官，惟計戶取金。以阿合馬綿絹絲線給貧民工匠。給王傅兀訥忽帖只印。給西川、福建、兩廣之任官驛馬。以湖南宣慰使張鼎新、行省參知政事樊楫等嘗阿附阿里海牙，敕罷之。丙寅，車駕幸上都。江西行省參政完顏那懷，坐越例驟陞及妄舉一百九十八人入官，罷之。罷河西辦課提舉司。丁卯，增置蒙古監察御史六員。(乙)〔己〕巳，〔二〇〕歲星犯房。癸酉，歲星掩房。廣州新會縣林桂方、趙良鈐等聚衆，僞號羅平國，稱延康年號，官軍擒之，伏誅，餘黨悉平。乙亥，罷諸處役夫。遣阿塔海戍曲先，漢都魯迷失帥甘州新附軍往斡端。己卯，給各衞軍出征馬價鈔。辛巳，立畏吾兒四處驛及交鈔庫。壬午，祀太一。罷福建道宣慰司，復立行中書省于漳州，以中書右丞張惠爲平章政事，御史中丞也先帖木兒爲中書左丞，並行中書省事。賜迷里札蠻、合八失鈔。賑八魯怯薛、八剌合赤等貧乏。賜皇子北平王所部馬牛羊各有差。

夏四月丙戌，立別十八里、和州等處宣慰司。庚寅，敕藥刺海戍守亦奚不薛。都元帥也速答兒還自亦奚不薛，駐軍成都，求入見，許之，仍遣人屯守險隘。以侍衛親軍二萬人助征日本。辛卯，樞密院臣言：「蒙古侍衞軍於新城等處屯田，砂礫不可種，乞改撥良田。」從之。壬辰，阿塔海求軍官習舟楫者同征日本，命元帥張林、招討張瑄、總管朱清等行。以高麗王就領行省，規畫日本事宜。甲午，減江南諸道醫學提舉司，四省各存其一。免京畿所括豪勢田舊稅三之二、新稅三之一。高麗國王王（睶）〔賰〕請以蒙古人同行省事。禁近侍爲人求官，紊亂選法。申嚴酒禁，有私造者，財產、女子沒官，犯人配役。申私鹽之禁，許按察司糾察鹽司。己亥，太陰犯房。壬寅，太陰犯南斗。癸卯，授高麗國王王（睶）〔賰〕征東行中書省左丞相，仍駙馬、高麗國王。乙巳，命樞密院集軍官議征日本事宜，程鵬飛請明賞罰，有功者軍前給憑驗，候班師日改授，從之。庚戌，右丞也速帶兒招撫筠連州、定州、阿永、都掌等處蠻，獨山都掌蠻不降，進軍討之，生擒酋長得蘭紐，遂班師。發大都所造回回砲及其匠張林等，付征東行省。辛亥，以征日本，給後衞軍衣甲，及大名、衞輝新附軍鈔。麥朮丁等檢覈萬億庫，以罪監繫者多，請付蒙古人治。有旨：「蒙古人爲利所汩，亦異往日矣，其擇可任者使之。」

五月乙卯，給甘州戍軍夏衣。戊午，丞相伯顏、諸王相吾答兒等言，征緬國軍宜參用蒙古、新附軍，從之。己未，免五衛軍征日本，發萬人赴上都。縱平灤造船軍歸耕，撥大都見管軍代役。庚申，減隆興府昌州盖里泊管鹽官吏九十九人，以其事隸隆興府。定江南民官及轉運司官公田。甲子，徙揚州淘金夫赴益都。立征東行中書省，以高麗國王與阿塔海共事。給高麗國征日本軍衣甲。御史中丞崔彧言：「江南盜賊相繼而起，皆緣拘水手、造海船，民不聊生，日本之役，宜姑止之。江南四省應辦軍需，宜量民力，勿强以土產所無。凡給物價及民者必以實。召募水手，當從所欲。伺民之氣稍蘇，我之力粗備，三二年復東征未晚。」不從。丙寅，太陰掩心東星。免江南稅糧三之二。敕阿里海牙調漢軍七千、新附軍八千，以付唆都從征。辛未，占城行省已破占城，其國主補底遁去，降璽書招徠之。甲戌，發征日本重囚往占城、緬國等處從征。設高麗國勸農官四員。丙子，詔諭諸王相吾答兒：「先是雲南重囚，令便宜處決，恐濫及無辜，自今凡大辟罪，仍須待報。」併省江淮、雲南州郡。以耶律老哥爲中書參知政事。免戍軍差稅。禁諸王奧魯官科擾軍戶。以西南蠻夷有謀叛未附者，免西川征緬軍，令專守禦。支錢令各驛供給。戊寅，諸陳言者從都省集議，可行者以聞，不可則明以諭言者。許按察司官用弓矢。監察御史阿剌渾坐擅免贓錢、不糾私釀等罪罷。用御史中丞崔彧言，罷各路選取室女。頒行宋文思院小口斛。敕以陝西按察司贓罰錢輸於秦王。省北京提刑按察司副使、僉事各一員。立海西遼東提刑按察司，按治女直、水達達部。己卯，酬諸王只必帖木兒給軍羊馬鈔十萬錠。海南四州宣慰使朱國寶請益兵討占城國主，詔以阿里海牙軍萬五千人應之。用王積翁言，詔江南運糧，於阿八赤新開神山河及海道兩道運之。立斡脫總管府。辛巳，給占城行省唆都弓矢甲仗。

六月丙戌，申嚴私易金銀之禁。以甘州行省參政王椅爲中書參知政事。免大都及平灤路今歲絲料。江南遷轉官不之任者杖之，追奪所受宣敕。戊子，以征日本，民間騷動，盜賊竊發，忽都帖木兒、忙古帶乞益兵禦寇。詔以興國、江州軍付之。己丑，增官吏俸給。庚寅，定市舶抽分例，舶貨精者取十之一，粗者十(之)五〔之一〕。〔二〕差五衞軍人修築行殿外垣。命諸王忽牙都設斷事官。〔三〕丙申，發軍修完大都城。辛丑，發軍修築堤堰。戊申，用伯顏等言，所括宋手號軍八萬三千六百人，立牌甲設官以統之，仍給衣糧。庚戌，流叛賊陳吊眼叔陳桂龍於憨答孫之地。辛亥，四川行省參政曲立吉思等討平九溪十八洞，以其酋長赴闕，定其地立州縣，聽順元路宣慰司節制。以向世雄等爲(叉)〔叉〕巴諸洞安撫大使及安撫使。

秋七月癸丑朔，蠲建寧路至元十七年前未納苗稅。丙辰，免徵骨嵬軍賦。諭阿塔海所造征日本船，宜少緩之；所拘商船，其悉給還。阿里沙坐虛言惑衆誅。太白犯井。丁巳，賜捏古帶等珠衣。庚申，調軍益戍雲南。丙寅，立亦奚不薛宣慰司，益兵戍守。開雲南驛路。

分亦奚不薛地爲三，設官撫治之。癸亥，太陰犯南斗。乙丑，太白犯井。丁卯，罷淮南淘金司，以其戶還民籍。庚午，熒惑犯司怪。新附官周文英入見，其贄禮銀萬兩、金四十錠，鐵木兒不花匿爲己有。詔卽其家搜閱，沒入官帑。敕捕阿合馬婦翁尙書蔡仲英，徵償所貸官鈔二十萬錠。阿八赤、姚演以開神山橋渠，侵用官鈔二千四百錠，折閱糧米七十三萬石，詔徵償，仍議其罪。壬申，亦奚不薛軍民千戶宋添富及順元路軍民總管兼宣撫〔司〕〔使〕阿里等來降。〔三〕班師，以羅鬼酋長阿利及其從者入覲。立亦奚不薛總管府，命阿里爲總管。丙子，減江南十道宣慰司官一百四十員爲九十三員。敕上都商稅六十分取一。免大都、平灤兩路今歲俸鈔。立總教院，秩正三品。丁丑，命按察司照刷吐蕃宣慰司文卷。立鋪軍捕淮西盜賊。淮東宣慰同知宋廷秀私役軍四十人，杖而罷之。庚辰，給忽都帖木兒等軍貧乏。償怯兒合思等羊馬價鈔。

八月癸未，以明理察平章軍國重事，商議公事。立懷來淘金所。甲午，敕大名、眞定、北京、衞輝四路屯駐新附軍，於東京屯田。安南國遣使以方物入貢。丙午，太白犯軒轅。丁未，歲星犯鉤鈐。浙西道宣慰使史弼言：「頃以征日本船五百艘科諸民間，民病之。宜取阿八赤所有船，修理以付阿塔海，庶寬民力，幷給鈔於沿海募水手。」從之。濟州新開河成，立都漕運司。庚戌，賞還役宿衞軍。賜皇子北安王所部軍鈔、羊馬。

九月壬子，太白犯軒轅少女。戊午，合剌帶等招降象山縣海賊尤宗祖等九千五百九十二人，海道以寧。太陰犯斗。壬戌，調黎兵同征日本。丙寅，古答奴國因商人阿剌畏等來言，自願效順。併占城、荆湖行省爲一。徙舊城市肆局院，税務皆入大都，減税徵四十分之一。賞朱雲龍漕運功，授七品總押，仍以幣帛給之。己巳，太白犯右執法。辛未，以歲登，開諸路酒禁。廣東盜起，遣兵萬人討之。壬申，太陰掩井。癸酉，熒惑犯鬼。甲戌，太陰犯鬼，熒惑犯積尸氣，太白犯左執法。戊寅，史弼陳弭盜之策，爲首及同謀者死，餘屯田淮上，帝然其言。詔以其事付弼，賊黨耕種內地，其妻孥送京師以給鷹坊人等。

冬十月庚寅，給征日本新附軍鈔三萬錠。壬辰，車駕由古北口路至自上都。癸巳，斡端宣慰使劉恩進嘉禾，同穎九穗、七穗、六穗者各一。甲午，以平章政事札散爲樞密副使。詔：「五衞軍，歲以冬十月聽十之五還家備資裝，正月番上代其半還，四月畢入役。」時各衞議先遣七人，而以三人自代，從之。乙未，享于太廟。丙申，太陰犯昴。丁酉，誅占城逃回軍。忙兀帶請增蒙古、漢軍戍邊，從之。以忽都忽總揚州行省唆都新益軍。庚子，許阿速帶軍以兄弟代役。建寧路管軍總管黄華叛，衆幾十萬，號頭陀軍，僞稱宋祥興五年，犯崇安、浦城等縣，圍建寧府。詔卜憐吉帶、史弼等將兵二萬二千人討平之。耶律鑄罷。壬寅，立東阿至御河水陸驛，以便遞運。徙濟州潭口驛於新河魯橋鎮。給甘州納硫黄貧乏戶鈔。

癸卯，諸王只必帖木兒請括閱常德府分地民戶，不許。中書省臣言：「阿八赤新開河二處，皆有倉，宜造小船分海運。」從之。中書省臣言：「押亦迷失嘗請諭江南諸郡，募人種淮南田。今乃往各郡轉收民戶，行省官闊闊你敦言其非便，宜令其於治所召募，不可强民。」從之。戊申，給水達達鰥寡孤獨者絹千匹、鈔三百錠。立和林平準庫。遣官檢覈益都淘金欺弊。罷中興管課提舉司及北京鹽鐵課程提舉司。己酉，簽河西質子軍年及丁者充軍。庚戌，各道提刑按察司增設判官二員。

十一月壬子，賞太不花、脫歡等戰功銀幣。癸丑，總管陳義願自備海船三十艘以備征進，詔授義萬戶，佩虎符。義初名五虎，起自海盜，內附後，其兄爲招討，義爲總管。敕凡盜賊必由管民官鞫問，仍不許私和。丁巳，命各省印授時曆。諸王只必帖木兒請於分地二十四城自設管課官，不從。又請立拘榷課稅所，其長從都省所定，次則王府差設，從之。詔：「大都田土，並令輸稅；甘州新括田土，畝輸租三升。」己未，吏部尙書劉好禮以吉利吉思風俗事宜來上。壬戌，復立南京宣慰司。乙丑，罷開（城）〔成〕路屯田總管府入開（城）〔成〕路，〔四〕隸京兆宣慰司。戊辰，立司農司，掌官田邸舍人民。給諸王所部撒合兒、兀魯等羊馬，以賙其乏。河西官府參用漢人。徙甘肅沙州民戶復業。大都城門設門尉。丁丑，禁雲南管課官於常額外多取餘錢。戊寅，禁雲南權勢多取債息，仍禁沒人口爲奴，及黥其面者。

太白歲星相犯。己卯，從諸王朮白、蒙古帶等請，賞也禿古等銀鈔，以旌戰功。賜皇太子鈔千錠。以御史臺贓罰鈔賜怯憐口。

十二月庚辰〔朔〕，賜諸王渾都帖木兒衣物，忽都兒所部軍銀鈔幣帛。甲申，賜別速帶所部軍衣服幣帛七千、馬二千。賞西番軍官愛納八斯等戰功。辛卯，以荼忽所管軍六千人備征日本。壬辰，給諸王阿只吉牛價。以中書參議溫迪罕禿魯花廉貧，不阿附權勢，賜鈔百錠。罷女直出產金銀禁。甲午，給鈔四萬錠和糴于上都。給司闈衞士貧者，人鈔二十錠。辛丑，賜諸王昔烈門等銀。以海道運糧招討使朱淸爲中萬戶，賜虎符；張瑄子文虎爲千戶，賜金符。徙新附官仕內郡。以蠡州還隸眞定府路。癸卯，發粟賑水達達四十九站。甲辰，太陰掩熒惑。丙午，罷雲南造賣金箔規措所。罷雲南都元帥府及重設官吏。定質子令，凡大官子弟，遣赴京師。戊申，雲南施州子童興兵爲亂，敕參知政事阿合八失帥兵，合羅羅斯脫兒世合討之。給布萬匹賑女直饑民一千戶。

是歲，斷死罪二百七十八人。

校勘記

〔一〕王（晧）〔晧〕 見卷九校勘記〔九〕。下同。

〔二〕益都千戶王著至合謀殺之　按本書卷二〇五阿合馬傳，此事繫戊寅日。續通鑑補書「戊寅」，疑是。

〔三〕六月己丑朔日有食之　邢雲路古今律曆考云：「推是年六月朔，無戊午，交泛二十四日九十八刻，不入食限，不應食。步至七月戊午朔，交泛九刻，入食限，是日巳時日食，合。何元史重載六月朔食耶？從古無比食之理，郭守敬論之詳矣。豈以守敬十八年方定授時而不辨此？此必修史者誤書之也。」

〔四〕(晉)〔縉〕山　見卷四校勘記〔一五〕。

〔五〕(癸酉)宣慰孟慶元萬戶孫勝夫使爪哇回　按上文已書「癸酉」，此衍，今刪。

〔六〕(授)〔受〕皇太子諸王百官朝賀　從北監本改。

〔七〕楊庭(堅)〔璧〕　據本書卷二一〇馬八兒等國傳改。類編已校。

〔八〕蘇木都(速)〔剌〕　據下文至元二十三年九月乙丑條及本書卷一三四迦魯納答思傳、卷二一〇馬八兒等國傳改。蒙史已校。

〔九〕丁亥　按是月丁巳朔，無丁亥日。此「丁亥」在癸酉十七日、戊寅二十二日間，疑爲乙亥十九日或丁丑二十一日之誤。

〔一〇〕壬申　按是月上文已有壬申十六日，此重見之「壬申」在辛巳二十五日後，疑爲壬午二十六日或甲申二十八日之誤。

〔一二〕（叉）〔又〕巴洞　據上文至元十六年正月丙子條及元文類卷四一經世大典序錄招捕改。按下文至元二十二年五月壬午條作「右巴」，「又」、「右」同音異字。下同。

〔一三〕（河）〔和〕林戍還軍校　上文至元十七年九月癸亥條有「命沿途廩食和林回軍」，此處之「戍還軍校」即「和林回軍」。按和林爲元代習用譯名，「和」不應作「河」，今改。

〔一四〕壬寅　按是月丁亥朔，壬寅爲十六日，其下不應有乙未初九日。此處史文有誤。

〔一五〕趙與（票）〔𤊹〕　見卷九校勘記〔七〕。下同。

〔一六〕諸王必赤帖木兒　疑卽本書屢見之諸王只必帖木兒，此處「必赤」二字倒舛，當作「赤必帖木兒」。按只必帖木兒爲闊端之子，分地有二十四城，與駙馬昌吉駐地毗連。此處史文正並提此二人。

〔一七〕楊廷（璧）〔璧〕　見本卷校勘記〔七〕。

〔一八〕壬戌　按是月丙辰朔，壬戌爲初七日。此處繫癸未二十八日後，當係錯簡。

〔一九〕乞里（古）〔吉〕思　按此名本書有「吉利吉思」、「乞力吉思」、「乞兒吉思」、「乞里吉思」諸譯，此處「古」、「吉」形近致誤，今改。

〔二〇〕賜日本軍官八忽帶及軍士銀鈔有差　按文意，「賜」下當有「征」字。

〔二〇〕（乙）〔己〕巳　按是月乙卯朔，無乙巳日。此「乙巳」在丁卯十三日、癸酉十九日間，爲己巳十五日之誤，今改。道光本已校。

〔二一〕粗者十（之）五〔之一〕　據本書卷九四食貨志及元典章卷二二市舶改。

〔二二〕諸王忽牙都　考異云：「疑即鎭遠王牙忽都也。」

〔二三〕宣撫（司）〔使〕阿里　按「司」爲官署，「使」爲官職，此處「使」誤作「司」，今改。

〔二四〕開（城）〔成〕　見卷一〇校勘記〔一〇〕。